授業をグーンと楽しくする英語教材シリーズ 42

フォーカス・オン・フォームを取り入れた
英文法指導ワーク
&
パフォーマンス・テスト

中学1年

佐藤一嘉 編著

明治図書

まえがき

　2021年度から中学校で導入される新学習指導要領が2017年３月に公示された。目標として，「外国語によるコミュニケーションにおける見方・考え方を働かせ，外国語による聞くこと，読むこと，話すこと，書くことの言語活動を通して，簡単な情報や考えなどを理解したり表現したり伝え合ったりするコミュニケーションを図る資質・能力」の育成を目指すことが明記された。特に話すことについては，初めて「やり取り」と「発表」の２つの領域が具体的に明記され，聞くこと，読むこと，書くことと合わせて，４技能５領域を一体的に育成することが新たな目標となった。

　Savignon（1997）は，コミュニケーションの定義を"Communication is the expression, interpretation, and negotiation of meaning"（p.225）と述べている。つまり，「やり取り」とは，"negotiation of meaning"のことであり，相手との「意味の交渉」である。この点が個人の「発表」の領域と大きく異なる点である。

　さらに，文部科学省は，中学校の英語の授業については，基本的に英語で教えることを明記している。文法をコミュニケーションの道具と捉え，４技能５領域を一体的に育成し，指導を評価に結びつけるにはどうしたらよいのだろうか？

　本書は，この問いに応えるために企画された。「フォーカス・オン・フォーム」で文法をコミュニカティブに教え，「パフォーマンス・テスト」を評価に入れることで，４技能５領域を一体的に育成することができる。本書の執筆に関わった５名の中学校教師（石飛，大須賀，神崎，福元，森岡）は，名古屋外国語大学主催のワークショップで，アクション・リサーチに取り組み，「フォーカス・オン・フォーム」と「パフォーマンス・テスト」を取り入れた授業実践を継続してきた。その結果，生徒のモチベーションが上がり，学習効果が高まることがわかった。読者は，各教師が作成したワークシートおよび評価表から，「フォーカス・オン・フォーム」と「パフォーマンス・テスト」について学ぶことができる。なお，ワークシートおよび評価表は，ホームページからダウンロードできるので，自由に修正して活用していただきたい。

　また，明治図書から先に出版された『フォーカス・オン・フォームでできる！　新しい英文法指導アイデアワーク：中学１年，中学２年，中学３年，高校』および『ワーク＆評価表ですぐに使える！英語授業を変えるパフォーマンス・テスト：中学１年，中学２年，中学３年，高校』もあわせてご活用いただきたい。

　2021年度から新学習指導要領が実施となる。本書が新しい英語授業と評価のモデルになるものと確信している。教師が変われば，授業が変わり，生徒が変わる。

　2019年11月

　　　　　　　　　　　　　　　　　　　　　名古屋外国語大学教授　佐藤一嘉

Table of Contents

まえがき
本書の特長と使い方

Part1
授業を変える！
フォーカス・オン・フォーム＆
パフォーマンス・テストの極意

文法指導と評価の一体化について ▶12

Part2
フォーカス・オン・フォーム＆
パフォーマンス・テストアイデア

Task 1 **I play soccer.** ▶18
一般動詞　自己紹介をしよう！
📄Work Sheet　19

Task 2 **Let's introduce someone to Reid!（Review）** ▶21
be 動詞と代名詞　友達を紹介しよう！
📄Work Sheet　22　　評価表１・２　24

Task 3 **I like Snoopy!** ▶25
一般動詞　友達ビンゴ！
📄Work Sheet　26

Task 4 **Do you ～?** ▶29
一般動詞の疑問文　あなたの好みは？
📄Work Sheet　30

Task 5 **How many erasers do you have?** ▶ 33
名詞　いくつ持っている？
Work Sheet　34　　料理カード　36　　材料カード　38　　タスクカード　40

Task 6 **I want two apples.** ▶ 42
複数形　はじめてのおつかい
Work Sheet　43　　商品カード　45　　買い物メモ・金券　48

Task 7 **What's this?** ▶ 49
疑問形　これはな〜んだ？
Work Sheet　50　　シルエットカード　52

Task 8 **Help my partner!** ▶ 53
does not　食材を集めよう！
Work Sheet　54　　材料カード　57

Task 9 **English is interesting.** ▶ 58
be 動詞＋形容詞①　いやいや面白いでしょ！ゲーム
Work Sheet　59

Task10 **My school is wonderful!** ▶ 62
be 動詞＋形容詞②　学校紹介
Work Sheet　63

Task11 **Let's Introduce!（Review）** ▶ 65
be 動詞・一般動詞の復習①　ALT に自己紹介と他者紹介をしよう！
Work Sheet　66　　評価表　71

Table of Contents　5

Task12 Let's talk to our friends!（Review） ▶ 72
be 動詞・一般動詞の復習② 自分のことを言ったり相手のことを聞いたりしよう！
Work Sheet 73 評価表 77

Task13 International Food（Review） ▶ 78
be 動詞・一般動詞の復習③ お気に入りの食べ物
Work Sheet 79 評価表 81

Task14 Let's talk about our friends. ▶ 82
三単現（〜s, 〜es） 友達の名前を当てよう！
Work Sheet 83 好きなこと・することカード 85

Task15 Who is this? ▶ 86
疑問詞 who マッチング・ゲーム
Work Sheet 87 人物名・人物特徴カード 88

Task16 What is your favorite movie?（Review） ▶ 89
三単現・who・what の復習 お気に入りの映画を紹介しよう！
Work Sheet 90 Memo 93 評価表１・２ 95

Task17 Questions about you!（Review） ▶ 97
いろいろな疑問詞 自分に関する質問に答えよう！
Work Sheet 99 評価表 101

Task18 Answer the quiz! ▶ 102
can, cannot クイズに答えよう！
Work Sheet 103

Task19 **Can you do it well?** ▸105
Can ～?　何が上手にできる？
📄Work Sheet　106

Task20 **What is your favorite country?（Review）** ▸108
can・what の復習　お気に入りの国を紹介しよう！
📄Work Sheet　109　　Memo　111　　評価表１・２　113

Task21 **A little girl helped her mother.** ▸115
一般動詞の過去形①　まちがいさがし
📄Work Sheet1・A・B　116　　Picture A・B　118

Task22 **My Happiness Journal** ▸121
一般動詞の過去形②　昨日の出来事
📄Work Sheet　122

Task23 **Did you go shopping yesterday?** ▸124
一般動詞の過去形③　昨日何をした？
📄Work Sheet　125

Task24 **My last year's trip!（Review）** ▸127
過去形の復習　去年の思い出を振り返ろう！
📄Work Sheet　128　　Memo　130　　評価表１・２　132

Table of Contents　7

本書の特長と使い方

　本書では，タスクを用いた新しい英文法指導ができる「フォーカス・オン・フォーム」と
「パフォーマンス・テスト」について，理論編（Part 1）と実践編（Part 2）にわけ，授業で
すぐに役立つ形でご紹介しています！

1．本書の特長

　本書には，以下の6つの特長があります。

---

❶フォーカス・オン・フォームで個々の文法項目をコミュニカティブに教えることができ
　る。

❷教科書で指導する前に英文法を効率的に教えることができるフォーカス・オン・フォー
　ムのワークシートを多数紹介。

❸まとめの活動やパフォーマンス・テスト（speaking and writing test）として使用で
　きる Review のタスクを収録。

❹各学期（1，2回実施することが望ましい）使えるパフォーマンス・テストは，事前に
　示すとモチベーションが上がる評価基準表つき。

❺コミュニカティブな授業とパフォーマンス・テストの評価で，授業と評価の一体化がで
　きる。

2．本書の使い方

　Part 1 では，フォーカス・オン・フォームとパフォーマンス・テストの考え方（理論）を，
Part 2 では，タスクを用いたフォーカス・オン・フォームの英文法のアイデアやワークシー
トの他，パフォーマンス・テストを紹介しています。

＊【Work Sheet ページ】のデータは以下の URL からダウンロードできます。
　URL　　http://www3.nufs.ac.jp/~yoshi/index.html
　ユーザー名　formandperformance
　パスワード　sato1

8

❶フォーカス・オン・フォームの英文法アイデア＆ワークシート

【Task ページ】タスクの進め方，ワンポイント・アドバイス

【Work Sheet ページ】ワークシート，カードなど

Task1　　I play soccer.
一般動詞　自己紹介をしよう！

目標 タスクを通して，一般動詞（like, play, study）の肯定文を使って自己紹介ができるようになる。

時間 30分

準備物 ワークシート，写真

1. タスクの進め方

○**Pre-task**

1. Step1として，3人についての情報（出身，好きなことなど）を写真やジェスチャーを使って紹介した後，その内容を生徒同士で確認させる。

> (例)(1) My name is Scott. I'm from England. I play the guitar. I like music.
> (2) My name is Ellen. I'm from Boston. I am a Boston Red Sox fan. So, I like baseball.
> (3) My name is Kota. I'm from Japan. I study English. I play soccer.

2. Step2として，Step1の内容をもう一度紹介し，文法項目に注目させる。

> (1) My name is Scott. I'm from England. I play the (guitar / piano). I like music.
> (2) My name is Ellen. I'm from Boston. I am a Boston Red Sox fan. So, I like (baseball / soccer).
> (3) My name is Kota. I'm from Japan. I study English. I (play / study) soccer.

3. Step3として，一般動詞（like, play, study）の意味を生徒に気づかせる。

○**Task**

1. Step4として，Word List を確認し，ワークシートに自分に関する情報（like, play, study）を記入させる。
2. ALT または生徒と Model Dialog を導入する。
3. 時間内に（10分）できるだけ多くのクラスメートとペアワークをさせる。
4. ポイントを確認させる。

2. ワンポイント・アドバイス

・Communication Strategies（Oh, really? That's nice. I see. など）を導入するとコミュニケーションが円滑にできる。

(Yoshi ゼミ)

Class ___ No. ___ Name _____

Work Sheet　　I play soccer.
自己紹介をしよう！

Step1 先生の話を聞いて，表にまとめよう！

Name	出身	わかったこと
(1) Scott		
(2) Ellen		
(3) Kota		

Step2 もう一度，先生の話を聞いて，聞こえた方に○をつけよう！

(1) My name is Scott. I'm from England.
　　I play the (guitar / piano). I like music.
(2) My name is Ellen. I'm from Boston.
　　I am a Boston Red Sox fan. So, I like (baseball / soccer).
(3) My name is Kota. I'm from Japan.
　　I study English. I (play / study) soccer.

Step3 Grammar Point

◎ I play the guitar.
（意味：　　　　　　　　　　　　　　　）
like ～ ＝「　　　　　　　」
study ～ ＝「　　　　　　　」
play ～ ＝「　　　　　　　」
★ play の後に楽器がくる場合，楽器の前に（　　　　　）がつく。

Step4 自分と同じ意見の人は何人いるかな?!

My name is _____
I like _____
I play _____
I study _____

---

❷パフォーマンス・テスト（Review）

【Task ページ】タスクの進め方，ワンポイント・アドバイス

【Work Sheet ページ】Speaking test, Fun Essay, 評価表など

Task2　Let's introduce someone to Reid! (Review)
be 動詞と代名詞　友達を紹介しよう！

目標 be 動詞や代名詞（he, she）を用い，自分の友達や家族等を他の人に紹介できるようになる。

時間 25分

準備物 ワークシート，写真等，評価表，タイマー

1. タスクの進め方

○**Pre-task**

1. Step1として，教師が写真や絵を見せて，自分の友達の紹介（男性と女性の例）をする。
2. 使われていた動詞と代名詞の復習をする。
3. Speaking test（発表）を行うことを伝え，評価表の説明をする。

○**Task**

1. Step2として，自分が紹介したい人を決め，その人について3文以上の英文で紹介する文を書く。
2. 教師は紹介文に間違いがあったら指摘する。
3. 4人グループを作り，写真（本人）等を使って，30秒以内に紹介できるように練習する。聞いている生徒は，友達の Speaking を評価する。グループを変えて，2，3回練習をする。

2. ワンポイント・アドバイス

・実際の Speaking test（ALT に30秒で紹介）は次時になるので，グループで発表の練習を十分やっておくことが必要である。
・Speaking test は他の生徒も聞ける場所で行い，他の生徒が友達の Speaking test を評価し，次回のテストの時「友達のよいところ」を取り入れられるように，発表形式を工夫するとよい。
・Speaking test が終わったら，自己評価をさせる。
・実物を持参させてもよい。

(大須賀博美)

Class ___ No. ___ Name _____

Work Sheet　Let's introduce someone to Reid!
友達を紹介しよう！

Step1 健君について Reid 先生に紹介しています。

> (例) Reid, this is Ken Tanaka.
> He's my new friend.
> He's a good soccer player.
> He's from Miyuki-Cho.

Step2 あなたの友達や家族等を3文以上の英文で Reid 先生に紹介しよう！

絵をかくか，写真を貼る。	下書き	①
		②
		③
		④
	清書	①
		②
		③
		④

本書の特長と使い方　9

Part 1

授業を変える！
フォーカス・オン・フォーム
＆パフォーマンス・テスト
の極意

文法指導と評価の一体化について

佐藤一嘉

1. はじめに

2021年に中学校で導入される新学習指導要領のねらいはどこにあるのだろう。なぜ，「話すこと」が「やり取り」と「発表」の2つの領域にわけられたのだろう。まえがきで述べたように，コミュニケーションとは，「表現，解釈，意味の交渉」である（草野，佐藤，田中，2016）。Savignon (1997) は，さらに，コミュニケーション能力について，次のように説明している。

Communicative competence is a *dynamic* rather than a static concept. It depends on the negotiation of meaning between two or more people who share to some degree the same symbolic system. In this sense, then, communicative competence can be said to be an *interpersonal* rather than an *intrapersonal* trait. (p.14, italics original)

つまり，コミュニケーション能力とは，静的な概念ではなく，動的なものであり，複数の人たちの間で行われる意味の交渉によって決まる。したがって，コミュニケーション能力は個人のものというよりは，対人関係に基づくという特徴を持つ（草野，佐藤，田中，2016）。この点が，個人の「発表」の領域と大きく異なる。しかしながら，これまで中学校，高校の英語の授業では，show and tell や public speech など個人の「発表」が重視され，生徒同士の「やり取り」は軽視されてきた。コミュニケーション能力は，「暗記」ではなく，生徒同士がコミュニケーション活動を通して実際に「やり取り」をすることによってのみ，育成されることを考えると（Sato & Takahashi, 2008; Savignon, 1972, 1997），「やり取り」がもっと重視されるべきである。それでは，授業で「やり取り」と「発表」をどのように指導したらいいのだろうか？

2. 「やり取り」から「発表」へ

ここでモデルとなるのが，Willis (1996) が提唱している Task-Based Language Teaching (TBLT) の framework である。TBLT（タスクに基づく外国語指導）とは，学習者のコミュニケーション能力の伸長を目的とする CLT (Communicative Language Teaching) を具体化した指導法の1つである。Brown (2007) は，次のように述べている。"One of the most prominent perspectives within the CLT framework is Task-Based Language Teaching (TBLT) ... TBLT is at the very heart of CLT" (p. 50). Willis

(1996) は，TBLT の framework を以下のように3段階で示している。

(1) Pre-task:
    トピックの導入，
    語彙や表現の導入（インプット），
    タスクの目的とやり方の明示
(2) Task cycle:
    ペアやグループでタスク活動（アウトプット），活動の内容をまとめ，クラスにレポート（発表）
(3) Language focus:
    語彙や表現の練習（ドリル），
    教師のフィードバック

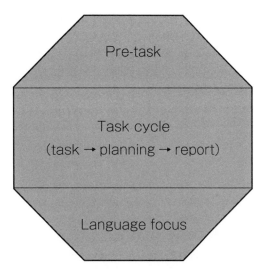

図1：TBLT framework（Willis, 1996）

　つまり，タスク（コミュニケーション活動）の後で，個人の発表へつなげればよい。例えば，"My best memory about my trip" がトピックであれば，"What is your best memory about your trip?" "When did you go there?" "What did you do?" "How many times have you been there?" などをペアで質問させ，ペアを変えて，3，4回くり返す。その後，発表の準備として（planning），絵や写真を使ってエッセーを書かせ（Fun Essay），グループで1人ずつ発表させればよい。大切な点は，ペアを変えて，生徒同士のコミュニケーション（やり取り）の時間を十分確保することである。くり返すことで，だんだん慣れ，またペアを変えることで，英語が苦手な生徒も得意な生徒に助けられて会話が続くようになる。その後，発表の準備として書かせることで，正確さにも注意をさせることができる。この場合，もし十分な時間がなければ，発表をカットすることもできる。つまり，すべてのタスクについて，発表までやる必要はない。

3. インプット重視の文法指導―「フォーカス・オン・フォーム」

　半世紀におよぶ第2言語習得研究の結果，伝統的な文法指導は効果がないことが明らかになっている。Ellis（2006）は，"a traditional approach to teaching grammar based on explicit explanations and drill-like practice is unlikely to result in the acquisition of the implicit knowledge needed for fluent and accurate communication"（p.102）と述べている。Lee & VanPattern（2003）によると，図2から明らかなように，文法説明とドリル中心の伝統的な文法指導は，十分な input がないため，学習者が新しい文法項目を自

身の第2言語のシステム（developing system）として構築することができない，と指摘している。したがって，いくら output-based instruction（ドリルやパターン・プラクティス）を与えても文法項目が定着しないわけである。

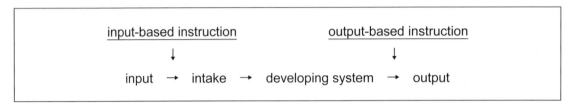

図２：第２言語習得のモデル（Lee & VanPatten, 2003を参照）

　これに対して，Ellis (2006) および Lee & VanPatten (2003) は，文法項目に焦点を当てた input-based instruction を与えることにより，学習者が文法項目に気づき（noticing），言語形式と意味を結合させ（form-meaning connections），developing system（第2言語のシステム）を構築することができると主張している。その後で学習者は，output-based instruction を通して，コミュニケーションに必要な文法項目にアクセスすることにより，アクセスのスピードが速くなり，fluency（流暢さ）や accuracy（正確さ）を伸ばすことができる，と説明している。

　要約すると，ドリルを中心とした伝統的な文法指導は意味のある input が欠如しているため，学習者が文法項目をシステムとして定着することができない。それに対して，「フォーカス・オン・フォーム」は，(1) input (2) noticing (3) output の言語習得理論の流れに基づいているため，学習者が効果的に学ぶことができる。

4.「フォーカス・オン・フォーム」から「パフォーマンス・テスト」へ

　それでは，コミュニカティブな文法指導である「フォーカス・オン・フォーム」をどのように評価すればいいのであろう。答えは，コミュニケーション能力を測る「パフォーマンス・テスト」を実施することである。文部科学省も，2013年3月，「各中・高等学校の外国語教育における『CAN-DO リスト』の形での学習到達目標設定のための手引き」を発表し，コミュニケーション能力を測定するため，「多肢選択形式等の筆記テストのみならず，面接，エッセー，スピーチ等のパフォーマンス評価」を実施することを提唱している。

　Ellis (2006) は，「フォーカス・オン・フォーム」を planned focus on form（特定の文法項目にフォーカスするタスク）と incidental focus on form（特定の文法項目にフォーカスせず，学習した文法の復習のため，トピックについて自己表現をさせ，その後，教師が common errors についてフィードバックするタスク）の2種類にわけている。そして，planned focus on form だけでなく incidental focus on form の両方のタスクを使用する

ことを勧めている。つまり，通常は，planned focus on form で特定の文法項目を指導し，1つか2つの unit が終わったら，復習を兼ねてトピックにフォーカスした incidental focus on form を使えばよい。これによって，生徒は学習した文法項目を自己表現のためにリサイクルすることができ，言語習得を促進することができる。さらに，Lee & VanPatten (2003) は，incidental focus on form のタスクをそのまま「パフォーマンス・テスト」（スピーキング・テストやライティング）として使用することを勧めている。生徒は，授業でやった incidental focus on form がスピーキング・テストにつながることを知れば，モチベーションが上がり，熱心に取り組む（washback effect：波及効果）。これが，文部科学省が提唱する「授業と評価の一体化」である。Sato, Fukumoto, Ishitobi, & Morioka (2012) は，3名の中学校教師が「フォーカス・オン・フォーム」に取り組んだ結果を報告している。その中で，森岡は，planned と incidental focus on form の両方のタスクを使用し，incidental focus on form を「パフォーマンス・テスト」として年5回（1学期2回，2学期2回，3学期1回）実施した結果，生徒のモチベーションが上がり，伝統的な文法指導よりも生徒の学習効果があったことを明らかにしている。

【参考文献】

Brown, H. D. (2007). *Teaching by principles: An interactive approach to language pedagogy* (3rd ed.). New York: Pearson Education, Inc.

Ellis, R. (2006). Current issues in the teaching of grammar: An SLA perspective. *TESOL Quarterly, 40*, 83-107.

Lee, J. F., & VanPatten, B. (2003). *Making communicative language teaching happen* (2nd ed.). New York: McGraw-Hill Companies, Inc.

Sato, K., Fukumoto, Y., Ishitobi, N. , & Morioka, T. (2012). Focus-on-form instruction and student learning in Japanese junior high schools. In A . Stewart & N. Sonda (Eds.), *JALT2011 Conference Proceedings* (pp. 282-303). Tokyo: JALT.

Sato, K., & Takahashi, K. (2008). Curriculum revitalization in a Japanese high school through teacher collaboration. In D. Hayes & J. Sharkey (Eds.), *Revitalizing a program for school-age learners through curricular innovation* (pp. 205-237). Alexandria, VA: TESOL.

Savignon, S. J. (1972). *Communicative competence: An experiment in foreign language teaching.* Philadelphia, PA: Center for Curriculum Development.

Savignon, S. J. (1997). *Communicative competence: Theory and classroom practice* (2nd ed.). New York: The McGraw-Hill Companies, Inc.

Willis, J. (1996). *A framework for task-based learning.* Harlow: Longman.

草野，佐藤，田中 (2016).「コミュニケーション能力：理論と実践」(増補新版) (Savignon, 1997, Communicative competence: Theory and classroom practice の翻訳) 法政大学出版局

Part2

フォーカス・オン・フォーム
＆パフォーマンス・テスト
アイデア

Task1

I play soccer.
一般動詞　自己紹介をしよう！

目　標	タスクを通して，一般動詞（like, play, study）の肯定文を使って自己紹介ができるようになる。
時　間	30分
準備物	ワークシート，写真

1. タスクの進め方

○Pre-task

1. Step1として，3人についての情報（出身，好きなことなど）を写真やジェスチャーを使って紹介した後，その内容を生徒同士で確認させる。

> （例）(1) My name is Scott. I'm from England. I play the guitar. I like music.
>
> (2) My name is Ellen. I'm from Boston. I am a Boston Red Sox fan.
> So, I like baseball.
>
> (3) My name is Kota. I'm from Japan. I study English. I play soccer.

2. Step2として，Step1の内容をもう一度紹介し，文法項目に注目させる。

> (1) My name is Scott. I'm from England. I play the (guitar / piano). I like music.
>
> (2) My name is Ellen. I'm from Boston. I am a Boston Red Sox fan.
> So, I like (baseball / soccer).
>
> (3) My name is Kota. I'm from Japan. I study English. I (play / like) soccer.

3. Step3として，一般動詞（like, play, study）の意味を生徒に気づかせる。

○Task

1. Step4として，Word List を確認し，ワークシートに自分に関する情報（like, play, study）を記入させる。

2. ALT または生徒と Model Dialog を導入する。

3. 時間内に（10分）できるだけ多くのクラスメートとペアワークをさせる。

4. ポイントを確認させる。

2. ワンポイント・アドバイス

・Communication Strategies（Oh, really? That's nice. I see. など）を導入するとコミュニケーションが円滑にできる。

（Yoshi ゼミ）

Class____ No.____ Name_____

Work Sheet

I play soccer.
自己紹介をしよう！

Step1　先生の話を聞いて，表にまとめよう！

Name	出身	わかったこと
(1)　Scott		
(2)　Ellen		
(3)　Kota		

Step2　もう一度，先生の話を聞いて，聞こえた方に○をつけよう！

(1)　My name is Scott. I'm from England.

　　I play the (guitar / piano). I like music.

(2)　My name is Ellen. I'm from Boston.

　　I am a Boston Red Sox fan. So, I like (baseball / soccer).

(3)　My name is Kota. I'm from Japan.

　　I study English. I (play / like) soccer.

Step3　Grammar Point

◎ I play the guitar.

　（意味：　　　　　　　　　　　　　　　　）

　like 〜　 = 「　　　　　　　　　」

　study 〜 = 「　　　　　　　　」

　play 〜　 = 「　　　　　　　　　」

★ play の後に楽器がくる場合，楽器の前に（　　　　）がつく。

Step4　自分と同じ意見の人は何人いるかな ?!

　My name is _____.

　I like _____.

　I play _____.

　I study _____.

Part2　フォーカス・オン・フォーム＆パフォーマンス・テストアイデア　19

Class＿＿＿ No.＿＿＿ Name＿＿＿＿＿＿＿＿＿＿＿＿＿＿＿＿＿

〈Word List〉

subject（教科）	sports	food	music
science	baseball	candies	guitar
social studies	basketball	bananas	recorder
home economics	volleyball	donuts	「リコーダー」
「家庭科」	table tennis	melons	violin
math「数学」	tennis	sandwiches	drums「太鼓」
art「美術」	badminton		contrabass
P. E.「体育」	softball		「コントラバス」

〈Model Dialog〉

Hello. How are you?

I'm (good / fine / not bad / not good).

And you?

A：My name is ＿＿＿＿＿＿＿＿.

B：You're ＿＿＿＿＿＿＿＿.

A：I like ＿＿＿＿＿＿.

B：Oh, you like ＿＿＿＿＿＿! That's nice!

A：I play ＿＿＿＿＿＿＿＿.

B：Oh, really? You play ＿＿＿＿＿＿.

A：I study ＿＿＿＿＿＿.

B：Me, too! /Good!

＊Change your role.

A：Nice talking with you.

B：You, too.

Name	like	play	study
Mr. H	books	volleyball	English

〈Rule〉

　自分と同じ意見の数× 2 ＝＿＿＿＿ points

　聞いた人数× 1 ＝＿＿＿＿ points

計＿＿＿＿ points

Task2 Let's introduce someone to Reid! (Review)
be 動詞と代名詞　友達を紹介しよう！

目　標	be 動詞や代名詞（he, she）を用い，自分の友達や家族等を他の人に紹介できるようになる。
時　間	25分
準備物	ワークシート，写真等，評価表，タイマー

1. タスクの進め方

○**Pre-task**

1. Step1として，教師が写真や絵を見せて，自分の友達の紹介（男性と女性の例）をする。
2. 使われていた動詞と代名詞の復習をする。
3. Speaking test（発表）を行うことを伝え，評価表の説明をする。

○**Task**

1. Step2として，自分が紹介したい人を決め，その人について3文以上の英文で紹介する文を書く。
2. 教師は紹介文に間違いがあったら指摘する。
3. 4人グループを作り，写真（本人）等を使って，30秒以内に紹介できるように練習する。聞いている生徒は，友達のSpeakingを評価する。グループを変えて，2，3回練習をする。

2. ワンポイント・アドバイス

・実際のSpeaking test（ALTに30秒で紹介）は次時になるので，グループで発表の練習を十分やっておくことが必要である。
・Speaking test は他の生徒も聞ける場所で行い，他の生徒が友達のSpeaking testを評価し，次回のテストの時「友達のよいところ」を取り入れられるように，発表形式を工夫するとよい。
・Speaking test が終わったら，自己評価をさせる。
・実物を持参させてもよい。

（大須賀博美）

Class____ No.____ Name_____

Work
Sheet

Let's introduce someone to Reid!
友達を紹介しよう！

Step1　健君について Reid 先生に紹介しています。

	（例）Reid, this is Ken Tanaka.
	He's my new friend.
	He's a good soccer player.
	He's from Miyuki-Cho.

Step2　あなたの友達や家族等を３文以上の英文で Reid 先生に紹介しよう！

絵をかくか，写真を貼る。	下書き	①
		②
		③
		④
	清書	①
		②
		③
		④

Class＿＿＿ No.＿＿＿ Name＿＿＿＿＿＿＿＿＿＿＿＿＿＿＿

Step3　友達の発表を聞き，感想を書こう。印象的な発表をした友達の名前に赤○をつけよう。

項目　　　　　　　　氏名	1	2	3
(1)　流暢さ	ＡＡ・Ａ・Ｂ・Ｃ	ＡＡ・Ａ・Ｂ・Ｃ	ＡＡ・Ａ・Ｂ・Ｃ
(2)　発表の内容（3文以上）	Ａ　・　Ｂ　・　Ｃ	Ａ　・　Ｂ　・　Ｃ	Ａ　・　Ｂ　・　Ｃ
(3)　（人の紹介の）仕方	Ａ　・　Ｂ　・　Ｃ	Ａ　・　Ｂ　・　Ｃ	Ａ　・　Ｂ　・　Ｃ
(4)　適度な声の大きさ	Ａ　・　Ｂ　・　Ｃ	Ａ　・　Ｂ　・　Ｃ	Ａ　・　Ｂ　・　Ｃ
(5)　アイコンタクト	Ａ　・　Ｂ　・　Ｃ	Ａ　・　Ｂ　・　Ｃ	Ａ　・　Ｂ　・　Ｃ
(6)　だれの紹介？			
(7)　関係は？			
(8)　感想			

項目　　　　　　　　氏名	4	5	6
(1)　流暢さ	ＡＡ・Ａ・Ｂ・Ｃ	ＡＡ・Ａ・Ｂ・Ｃ	ＡＡ・Ａ・Ｂ・Ｃ
(2)　発表の内容（3文以上）	Ａ　・　Ｂ　・　Ｃ	Ａ　・　Ｂ　・　Ｃ	Ａ　・　Ｂ　・　Ｃ
(3)　（人の紹介の）仕方	Ａ　・　Ｂ　・　Ｃ	Ａ　・　Ｂ　・　Ｃ	Ａ　・　Ｂ　・　Ｃ
(4)　適度な声の大きさ	Ａ　・　Ｂ　・　Ｃ	Ａ　・　Ｂ　・　Ｃ	Ａ　・　Ｂ　・　Ｃ
(5)　アイコンタクト	Ａ　・　Ｂ　・　Ｃ	Ａ　・　Ｂ　・　Ｃ	Ａ　・　Ｂ　・　Ｃ
(6)　だれの紹介？			
(7)　関係は？			
(8)　感想			

項目　　　　　　　　氏名	7	8	9
(1)　流暢さ	ＡＡ・Ａ・Ｂ・Ｃ	ＡＡ・Ａ・Ｂ・Ｃ	ＡＡ・Ａ・Ｂ・Ｃ
(2)　発表の内容（3文以上）	Ａ　・　Ｂ　・　Ｃ	Ａ　・　Ｂ　・　Ｃ	Ａ　・　Ｂ　・　Ｃ
(3)　（人の紹介の）仕方	Ａ　・　Ｂ　・　Ｃ	Ａ　・　Ｂ　・　Ｃ	Ａ　・　Ｂ　・　Ｃ
(4)　適度な声の大きさ	Ａ　・　Ｂ　・　Ｃ	Ａ　・　Ｂ　・　Ｃ	Ａ　・　Ｂ　・　Ｃ
(5)　アイコンタクト	Ａ　・　Ｂ　・　Ｃ	Ａ　・　Ｂ　・　Ｃ	Ａ　・　Ｂ　・　Ｃ
(6)　だれの紹介？			
(7)　関係は？			
(8)　感想			

Part2　フォーカス・オン・フォーム＆パフォーマンス・テストアイデア

Class＿＿＿ No.＿＿＿ Name＿＿＿＿＿＿＿＿＿＿＿＿＿＿＿

【評価表１：自己評価】

評価項目	自己評価	この活動の感想
(1) 流暢さ	ＡＡ ・ Ａ ・ Ｂ ・ Ｃ	
(2) 発表の内容（３文以上）	Ａ ・ Ｂ ・ Ｃ	
(3) （人の紹介の）仕方	Ａ ・ Ｂ ・ Ｃ	
(4) 適度な声の大きさ	Ａ ・ Ｂ ・ Ｃ	
(5) アイコンタクト	Ａ ・ Ｂ ・ Ｃ	
(6) このワークシートの役立ち度	Ａ ・ Ｂ ・ Ｃ	

【評価表２：Evaluation Form（Speaking test）】

観点		評価基準	得点
(1)	流暢さ	30秒間，スムーズに話し続けることができた。	7
		30秒間，おおむねスムーズに話し続けることができた。	5
		時々つかえたが30秒間，話し続けることができた。	3
		30秒以内で紹介できなかった。	1
(2)	内容	４文以上で，まとまりのある紹介である。	5
		３文ではあるが，まとまりのある紹介である。	3
		３文以下であり，まとまりのない紹介である。	1
(3)	正確さ	be 動詞，代名詞の使い方が適切である。	5
		文法事項にいくつか間違いがあったが，言いたいことは理解できた。	3
		語彙の選択や文法にたくさんの間違いがあった。	1
(4)	態度	アイコンタクトができ，大きな声ではっきりと話せた。	5
		時々アイコンタクトができ，聞こえる程度の声であった。	3
		アイコンタクトがとれず，聞こえにくい声であった。	1

／22

Task3

I like Snoopy!
一般動詞　友達ビンゴ！

目　標	タスクを通して，一般動詞の肯定文（like と play）を理解して使えるようになる。自分の好きなもの，することを表現できるようになる。
時　間	35分
準備物	ワークシート，くじ（生徒の名前を書いたカード）

1．タスクの進め方

○Pre-task

1．Step1として，教師が生徒と Model Dialog を導入し，話の内容に注目させる。

2．Step2として，もう一度，Model Dialog を聞かせ，聞き取れた単語に○をつけさせる。

> （例）T：I am a Snoopy fan. So, I like Snoopy.
>
> 　　　　　I am in the recorder club. So, I play the recorder.
>
> 　　　　　Oh! This is an EXILE file. Are you an EXILE fan?
>
> 　　　S1：Yes, I am.
>
> 　　　　T：So, you like EXILE.
>
> 　　　　　Wow! This is a basketball uniform.
>
> 　　　　　Are you in the basketball club?
>
> 　　　S1：Yes, I am.
>
> 　　　　T：So, you play basketball.

3．Step3として，like と play の意味に気づかせて，be 動詞との違いを考えさせる。

○Task

1．Step4として，生徒の好きなもの，することについて英語で書かせる。

2．ALT または生徒と Model Dialog を導入する。

3．Model Dialog を参考に，ペアで会話をさせて，ビンゴの表にパートナーの名前と好きなもの，することを書かせる。

4．生徒全員が表を埋め終わったのを確認してからビンゴを始める。教師がくじを引いて，くじに書かれた人の名前が表の中にあった人はポイントをゲットできる。一番初めにビンゴした人が勝ち。

2．ワンポイント・アドバイス

・生徒の人数に合わせて，ビンゴのマスの数は変えてもよい。

（Yoshi ゼミ）

Part2　フォーカス・オン・フォーム＆パフォーマンス・テストアイデア　25

Class＿＿ No.＿＿ Name＿＿＿＿＿＿＿＿＿＿＿＿

Work Sheet

I like Snoopy!
友達ビンゴ！

Step1 先生の話を聞いて，表にまとめよう！

	お気に入り，ファン	クラブ
Ms. Komeda		

Step2 もう一度，先生の話を聞いて，聞き取れた単語に○をつけよう！

(1) I (am / like) a Snoopy fan.

So, I (am / like) Snoopy.

リコーダー
I (am / play) in the recorder club.

So, I (am / play) the recorder.

(2) (Are / Is / Am) you an EXILE fan?

So, you (am / are / like) EXILE.

(3) (Are / Is / Am) you in the basketball club?

So, you (am / is / are / like / play) basketball.

26

Class＿＿＿ No.＿＿＿ Name＿＿＿＿＿＿＿＿＿＿＿＿＿＿＿＿

Step3　Grammar Point

〈復習〉

・I <u>am</u> a Snoopy fan.

（意味：　　　　　　　　　　　　　　　　　　　　　　　　　）

・You <u>are</u> in the basketball club.

（意味：　　　　　　　　　　　　　　　　　　　　　　　　　）

・He <u>is</u> a Dragons fan.

（意味：　　　　　　　　　　　　　　　　　　　　　　　　　）

〈ポイント〉

・I <u>like</u> Snoopy.

（意味：　　　　　　　　　　　　　　　　　　　　　　　　　）

・You <u>play</u> basketball.

（意味：　　　　　　　　　　　　　　　　　　　　　　　　　）

・I <u>play</u> the recorder.

（意味：　　　　　　　　　　　　　　　　　　　　　　　　　）

＊ like の意味　→　（　　　　　　　　　　）
＊ play の意味　→　（　　　　　　　　　　）

① 　am，is，are をまとめて（　　　　動詞）と言う。
② 　like，play などをまとめて（　　　　動詞）と言う。

＊注意！
①と②の動詞を一緒に使わない！
　×　I <u>like</u> <u>am</u> Snoopy.

Part2　フォーカス・オン・フォーム＆パフォーマンス・テストアイデア　27

Class＿＿＿　No.＿＿＿　Name＿＿＿＿＿＿＿＿＿＿＿＿＿＿＿

Step4　友達ビンゴ！

(1)　自分の好きなもの，することを英語で書こう！

好きなもの＿＿＿＿＿＿＿＿＿＿＿＿＿＿＿＿＿＿＿＿＿＿＿＿＿＿＿＿

すること　＿＿＿＿＿＿＿＿＿＿＿＿＿＿＿＿＿＿＿＿＿＿＿＿＿＿＿＿

・math　数学	・cake　ケーキ	・volleyball　バレーボール
・science　理科	・rice　ごはん	・badminton　バドミントン
・history　歴史	・spaghetti　スパゲッティ	・table tennis　卓球
・P. E.　体育	・salad　サラダ	・the flute　フルート　・music　音楽
・ice cream　アイスクリーム	・the piano　ピアノ	・video games　テレビゲーム

(2)　Model Dialog を参考に会話をして，友達からサインをもらおう！

名前＿＿＿＿＿＿	名前＿＿＿＿＿＿	名前＿＿＿＿＿＿
好き＿＿＿＿＿＿	好き＿＿＿＿＿＿	好き＿＿＿＿＿＿
する＿＿＿＿＿＿	する＿＿＿＿＿＿	する＿＿＿＿＿＿
名前＿＿＿＿＿＿		名前＿＿＿＿＿＿
好き＿＿＿＿＿＿	Free!	好き＿＿＿＿＿＿
する＿＿＿＿＿＿		する＿＿＿＿＿＿
名前＿＿＿＿＿＿	名前＿＿＿＿＿＿	名前＿＿＿＿＿＿
好き＿＿＿＿＿＿	好き＿＿＿＿＿＿	好き＿＿＿＿＿＿
する＿＿＿＿＿＿	する＿＿＿＿＿＿	する＿＿＿＿＿＿

〈Model Dialog〉

A：Hello, B.　　　B：Hello, A.

（じゃんけんをする。）

Winner（勝ち）：I like Snoopy.　I play the recorder.

Loser（負け）：Oh, you like Snoopy.　And, you play the recorder.　Great!

W：How about you?

L：I like ….　I play ….

W：You like ….　And, you play ….　That's nice!

（名前を書いて，パートナーの好きなものとすることを書く。）

W：Thank you. Good-bye!　　　L：Bye!

(3)　ビンゴをしよう！　先生がくじで引いた人の名前があれば，ポイントゲット！
　　だれが一番にビンゴするかな？

Task4　Do you 〜?
一般動詞の疑問文　あなたの好みは？

目　標	Do you 〜? を使って，一般動詞の疑問文の意味と形式に気づき，クラスメートと会話ができるようになる。
時　間	20分
準備物	ワークシート，写真，絵カード，Yes!, No! カード，タイマー

1．タスクの進め方

○Pre-task

1．Step1として，教師が生徒に3枚の写真を見せて，Do you 〜? を導入し，3枚の写真のそれぞれ何をしていて，何が好き・嫌いなのかを聞き取らせる。

> （例1）
>
> 　　　T：Hello, Ichiro. I play baseball. Do you play baseball?
>
> 　Ichiro：Yes, I do. I play baseball.
>
> （例2）
>
> 　　　T：Hello, Shinnosuke. I like chocolate. Do you like"chokobi?"
>
> Shinnosuke：Yes, I do. I like"chocobi."
>
> （例3）
>
> 　　　T：Hello, Doraemon. I like animals. Do you like mice?
>
> Doraemon：No, I do not. I like cats.

2．Step2として，Step1の例文をもう一度聞かせて，聞こえた方に〇をつけさせる。

3．Step3として，黒板に例文を板書して，一般動詞の疑問文の意味と形式に気づかせる。

○Task

1．Step4として，ペアでチームになりビンゴを行う。事前にp.32をコピーし，絵カードとYes!, No! カードを切りとっておく。ペアで交互に絵カードと Yes!, No! カードを引き，カードとビンゴカードに書かれていることが合っていればビンゴカードのマスを埋めることができる。5分後，ビンゴがいくつできたかをチームごとに聞く。

2．Step5として，ビンゴで聞いた例文を Do you 〜? を使って書かせる。

2．ワンポイント・アドバイス

・ビンゴ活動中，机間指導をして，生徒がチームメートに Do you 〜? を使って質問できているかを確認する。

（Yoshi ゼミ）

Part2　フォーカス・オン・フォーム＆パフォーマンス・テストアイデア　29

Class＿＿＿ No.＿＿＿ Name＿＿＿＿＿＿＿＿＿＿＿＿＿＿＿＿＿

Work Sheet

Do you ～?
あなたの好みは？

Step1　聞こえたことを表にまとめてみよう！

写真の名前	聞こえたこと
① Name：	Play：
② Name：	Like：
③ Name：	Like：

① イチローの写真

② クレヨンしんちゃんの写真

③ ドラえもんの写真

Step2　Let's listen! 聞こえた方に○をつけよう！

(1)　　　T：Hello, Ichiro.　I play baseball.　<u>Do you (play / are) baseball?</u>

　　Ichiro：Yes, I do.　I play baseball.

(2)　　　　T：Hello, Shinnosuke.　I like chocolate.　<u>Do you like "chokobi?"</u>

　　Shinnosuke：Yes, I (am / do).　I like "chocobi."

(3)　　　　T：Hello, Doraemon.　I like animals.　<u>(Do / Are) you like mice?</u>

　　Doraemon：No, I don't.　I like cats.　　　　　　　　　　※ mice：ねずみ

Class＿＿＿ No.＿＿＿ Name＿＿＿＿＿＿＿＿＿＿＿＿＿＿

Step3　Grammar Point

〈復習〉　I play baseball.（意味：　　　　　　　　　　　　　　　）

◎ Do you play baseball?

　（意味：　　　　　　　　　　　　　　　　　　　　　）

★一般動詞を使った疑問文は（　　　　　　）を文の（　　　　　　）にもってくる。

　一般動詞→　like, play, study, write など

★また，答え方は，Yes →　Yes, （ ） （　　　）.

　　　　　　　　No →　No, （ ） （　　　　） （　　　　　　）.

　　　　　　　　　　　└─→ No, I don't に省略できる。

Step4　Team Bingo!

　チームで協力して，ビンゴを完成させよう。

〈Model Dialog〉

S1：（絵カードを１枚引いて相手に見せる。）

S2：Do you like cats?

S1：（Yes!, No! カードを引く。）

　　Yes! カードの場合→　Yes, I do.

　　No! カードの場合→　No, I don't.

S2：正解であれば→　Great.

　　不正解であれば→　That's too bad.

Step5　チームの相手に聞いた文を書いてみよう！

Ex）　Do you like soccer?

Part2　フォーカス・オン・フォーム＆パフォーマンス・テストアイデア　31

Class____ No.____ Name_____

Team Bingo!

Task5　How many erasers do you have?
名詞　いくつ持っている？

目標	タスクを通して，How many ～? を理解し使えるようになる。
時間	25分
準備物	ワークシート，消しゴム，シャープペン，ボールペン，料理・材料・タスクカード

1. タスクの進め方

○Pre-task

1．Step1として，教師が生徒に，消しゴム，シャープペン，ボールペンを持っているか尋ね，個数についても聞き，How many ～? を導入する。

> I have one eraser. Do you have erasers, ○○？ Ok, how many erasers do you have?
> Oh, you have ○ erasers.
> ※同様にシャープペン，ボールペンについても生徒に聞く。

2．Step2として，再度 input を与え，生徒に聞こえた方に○をつけさせる。

3．Step3として，生徒に How many ～? の意味とはたらきについて気づかせる。

○Task

1．Step4として，タスクのルールを説明する。Model Dialog を導入する。

2．クラスを2グループに分け，材料カード（6枚）とタスクカード（1枚）をそれぞれ配付する。カレーを作るタスクカードを持っているグループには，お好み焼きの材料カードを配る。同様に，お好み焼きを作るタスクカードを持っているグループには，カレーの材料カードを配る。

3．Model Dialog を使って，それぞれ必要な材料を集めさせる。

4．必要な材料が全部集められたら，先生から料理カードを受け取り，ワークシートに貼る。

5．Step5として，タスクで使った，How many ～ do you have? の文を書く。

2. ワンポイント・アドバイス

・同じ人に続けて聞いてはいけないこととする。

・Model Dialog の使用を徹底する。

・英語使用を徹底する。

（Yoshi ゼミ）

Class____ No.____ Name_____

Work Sheet

How many erasers do you have?
いくつ持っている？

Step1　聞こえたことを表にまとめよう！

Name	もの	個数
Ex）Tota	消しゴム／eraser	1／one

Step2　聞こえた方に○をつけよう！

(1)　I have one eraser.　Do you have erasers?

　　　How many （ eraser / erasers ） do you have?

(2)　I have three mechanical pencils.　Do you have mechanical pencils?

　　　How many （ mechanical pencils / mechanical pencil ） do you have?

(3)　I have four ballpoint pens.　Do you have ballpoint pens?

　　　How many （ ballpoint pen / ballpoint pens ） do you have?

Step3　Grammar Point

◎ How many erasers do you have?（意味：　　　　　　　　　　　　）

★ How many 〜? =「　　　　　　　　」

★ How many の後ろには，（　　　　　　　　）がくる。

Step4　今日のお昼ご飯は？

〈Rule〉
①　これからお昼ご飯を作ります。
②　料理の材料を必要な数だけ集めよう！
③　集められたら先生に見せて料理カードをもらおう！
　※材料を集める時は Model Dialog を使おう！
　※尋ねられるのは，じゃんけんで勝った方だけ！
　※同じ人に連続して聞くのは禁止！

Class＿＿＿ No.＿＿＿ Name＿＿＿＿＿＿＿＿＿＿

〈Model Dialog〉＊下線部を言い換えよう！（じゃんけんをして勝った方がＡ）

A：I want potatoes. How many potatoes do you have?

【持っていたら…】

B：I have three potatoes.

A：Oh, really? I want three potatoes.

B：Ok, here you are.

A：Thank you!

B：You're welcome! Bye!

A：Bye!

【持っていなかったら…】

B：I'm sorry. I don't have potatoes.

A：Ok, no problem! Thank you! Bye!

B：Bye!

＊今日のメニューを貼ろう！

Step5　どうやって聞かれたか書いてみよう！

（例）

How many potatoes do you have?

Part2　フォーカス・オン・フォーム＆パフォーマンス・テストアイデア　35

【料理カード】（カレー：3名分，お好み焼き：3名分）

【料理カード】（カレー：3名分，お好み焼き：3名分）

【材料カード】（カレー：６名分，１枚ずつ切り離す）

potato(es) … 3	potato(es) … 3
carrot(s) … 3	carrot(s) … 3
onion(s) … 4	onion(s) … 4
potato(es) … 3	potato(es) … 3
carrot(s) … 3	carrot(s) … 3
onion(s) … 4	onion(s) … 4
potato(es) … 3	potato(es) … 3
carrot(s) … 3	carrot(s) … 3
onion(s) … 4	onion(s) … 4

【材料カード】（お好み焼き：6名分，1枚ずつ切り離す）

cabbages … 3	cabbages … 3
green onions … 4	green onions … 4
eggs … 4	eggs … 4
cabbages … 3	cabbages … 3
green onions … 4	green onions … 4
eggs … 4	eggs … 4
cabbages … 3	cabbages … 3
green onions … 4	green onions … 4
eggs … 4	eggs … 4

【タスクカード】（カレー：3名分，お好み焼き：3名分）

材料	材料
・potatoes … 3 ・carrots … 3 ・onions … 4 ・chicken … OK ・roux（ルー）… OK	・cabbages … 3 ・eggs … 4 ・green onions … 4 ・pork … OK ・flour（小麦粉）… OK
材料	材料
・potatoes … 3 ・carrots … 3 ・onions … 4 ・chicken … OK ・roux（ルー）… OK	・cabbages … 3 ・eggs … 4 ・green onions … 4 ・pork … OK ・flour（小麦粉）… OK
材料	材料
・potatoes … 3 ・carrots … 3 ・onions … 4 ・chicken … OK ・roux（ルー）… OK	・cabbages … 3 ・eggs … 4 ・green onions … 4 ・pork … OK ・flour（小麦粉）… OK

【タスクカード】（カレー：3名分，お好み焼き：3名分）

材料	材料
・potatoes … 3 ・carrots … 3 ・onions … 4 ・chicken … OK ・roux（ルー）… OK	・cabbages … 3 ・eggs … 4 ・green onions … 4 ・pork … OK ・flour（小麦粉）… OK
・potatoes … 3 ・carrots … 3 ・onions … 4 ・chicken … OK ・roux（ルー）… OK	・cabbages … 3 ・eggs … 4 ・green onions … 4 ・pork … OK ・flour（小麦粉）… OK
・potatoes … 3 ・carrots … 3 ・onions … 4 ・chicken … OK ・roux（ルー）… OK	・cabbages … 3 ・eggs … 4 ・green onions … 4 ・pork … OK ・flour（小麦粉）… OK

Part2　フォーカス・オン・フォーム&パフォーマンス・テストアイデア　41

Task6　　　I want two apples.
複数形　はじめてのおつかい

目　標	タスクを通して，名詞の複数形の表し方を理解し，使えるようになる。
時　間	25分
準備物	ワークシート，教師がinputで示すもの，商品カード，買い物メモ，金券

1．タスクの進め方

○Pre-task

1．Step1として，教師が自分の持ち物について英語で紹介する。生徒は教師の話した内容を聞き取り，メモをする。

> I like Snoopy very much. I get a lot of Snoopy goods. I have an umbrella.
> I have two pencil cases. I have three files. I have five notebooks.

2．Step2として，Step1で話した内容をもう一度聞かせて，聞き取れた方に○をつけさせる。

3．Step3として，名詞の複数形は，名詞の後ろにsをつけることを生徒に気づかせる。

○Task

1．Step4として，6人グループを作り，3人にお客の役，残りの3人に店員の役を割り振る。店員役にはそれぞれ，果物屋，服屋，文房具屋の役割を与える。

2．客役に買い物メモと2千円分の金券を渡し，店員役には商品カードを渡す。

3．Model Dialogを使って，客役は商品を買う。全部買えたら，客役も店員役の生徒も買い物で使った表現をワークシートに書く。その後，客役の手元にある金券の金額を確認する。

4．客役と店員役を交代する。

2．ワンポイント・アドバイス

・早く終わった生徒や英語の得意な生徒は，教師が例で示した文章だけでなく，買い物で使ったその他の表現（値段の言い方や，ものを渡す時の表現など）を書かせてもよい。

・買い物メモはクラスの人数に合わせて枚数や種類を増やしてもよい。

（Yoshiゼミ）

Class____ No.____ Name_____

Work Sheet

I want two apples.
はじめてのおつかい

Step1　先生の話を聞いて，聞き取れたことを書こう！

	何を？	何個？
①		
②		
③		
④		

Step2　もう一度，先生の話を聞いて，聞き取れた方に○をつけよう！

(1)　I have an (umbrella / umbrellas).

(2)　I have two (pencil case / pencil cases).

(3)　I have three (file / files).

(4)　I have five (notebook / notebooks).

Step3　Grammar Point

◎ I have a notebook.

　（意味：　　　　　　　　　　　　　　　）

◎ I have five notebooks.

　（意味：　　　　　　　　　　　　　　　）

★物が（1個／2個以上）になると，

　名詞（物の名前）の（　　　　）に（　　）がつく！

Part2　フォーカス・オン・フォーム＆パフォーマンス・テストアイデア　43

Class___ No.___ Name_____

Step4　はじめてのおつかい！

(1)　Model Dialog を使って，頼まれたものを買いに行こう！

Fruit		Fashion		Stationary（文房具）	
・apple	200 yen	・T-shirt	500 yen	・pen	100 yen
・banana	100 yen	・bag（カバン）	600 yen	・notebook	200 yen
・orange	200 yen	・cap	400 yen	・eraser（消しゴム）	100 yen
・lemon	300 yen			・ruler（定規）	300 yen
・melon	500 yen				

〈Model Dialog〉
　客：Hello. I want <u>two apples</u>.
店員：Oh, you want <u>two apples</u>. Is that all?
　客：Yes.
店員：OK. <u>400</u> yen, please.
　客：Here you are.
店員：Thank you.（商品を渡す。） Here you are.
　客：Thank you. Good-bye.

(2)　買い物する時に使った表現を書こう！

Ex）I want <u>two apples</u>.　　You want <u>two apples</u>.

【商品カード】

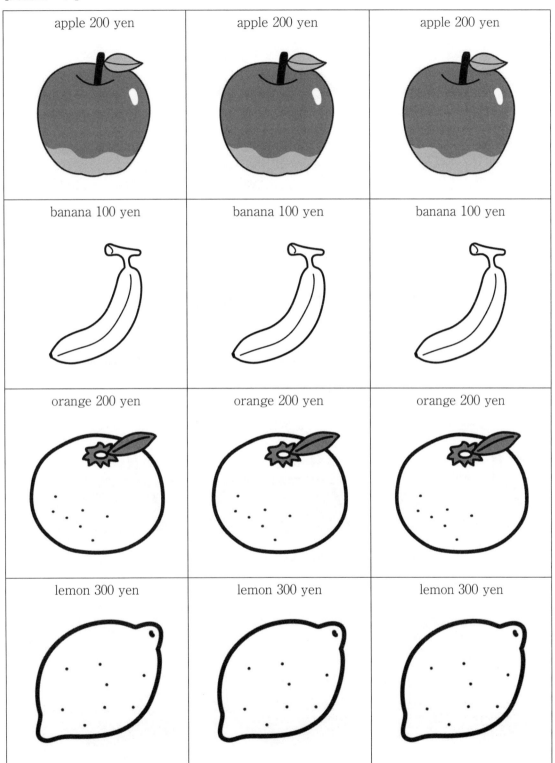

【商品カード】

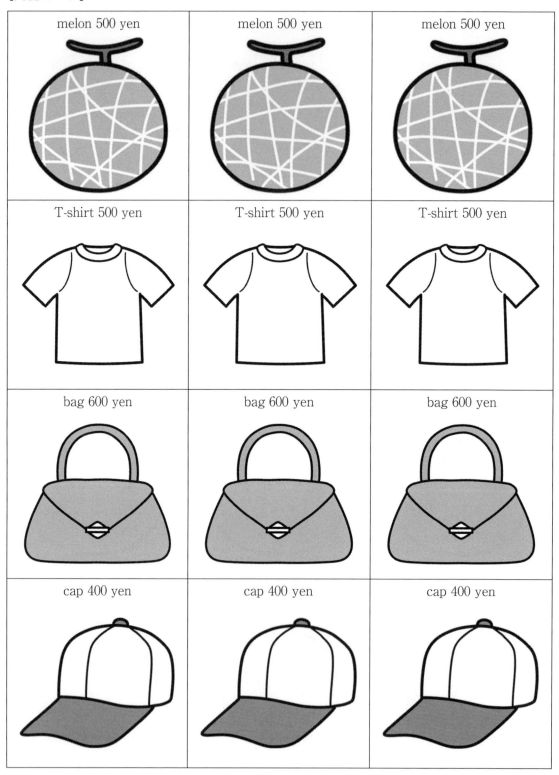

【商品カード】

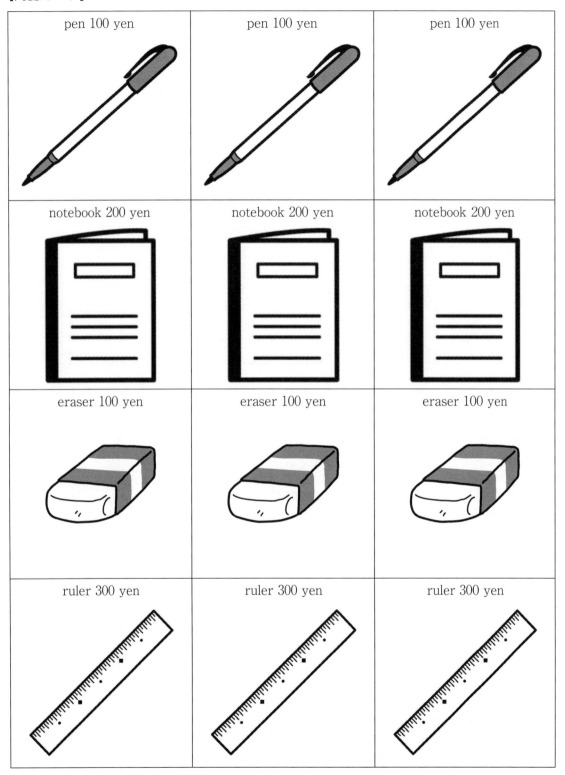

【買い物メモ】

Shopping List		Shopping List	
☐ apple	3個	☐ lemon	3個
☐ bag	1つ	☐ T-shirt	1着
☐ notebook	2冊	☐ pen	3本
Shopping List		Shopping List	
☐ orange	3個	☐ melon	1個
☐ cap	1つ	☐ cap	2つ
☐ ruler	2個	☐ notebook	2冊
Shopping List		Shopping List	
☐ banana	3本	☐ banana	3本
☐ T-shirt	2着	☐ bag	2つ
☐ eraser	3個	☐ eraser	2個

※左側の買い物メモは1600円分の買い物，右側の買い物メモは1700円分の買い物ができるようになっている。

【金券】

100 yen	100 yen	100 yen	100 yen	100 yen
100 yen	100 yen	100 yen	100 yen	100 yen
100 yen	100 yen	100 yen	100 yen	100 yen
100 yen	100 yen	100 yen	100 yen	100 yen
100 yen	100 yen	100 yen	100 yen	100 yen
100 yen	100 yen	100 yen	100 yen	100 yen
100 yen	100 yen	100 yen	100 yen	100 yen
100 yen	100 yen	100 yen	100 yen	100 yen
100 yen	100 yen	100 yen	100 yen	100 yen
100 yen	100 yen	100 yen	100 yen	100 yen
100 yen	100 yen	100 yen	100 yen	100 yen
100 yen	100 yen	100 yen	100 yen	100 yen
100 yen	100 yen	100 yen	100 yen	100 yen
100 yen	100 yen	100 yen	100 yen	100 yen
100 yen	100 yen	100 yen	100 yen	100 yen

Task7

What's this?
疑問形　これはな～んだ？

目 標	タスクを通して，What's this? It is ～. を使うことができるようになる。
時 間	30分
準備物	ワークシート，クイズ用の画像つき解答，シルエットカード

1. タスクの進め方

○Pre-task

1．Step1として，教師はシルエットカードを見せて，ヒントを出しながら "What's this?" と生徒に質問する。生徒から答えが出たら，"It is ～." を使って言い直す。

> （例）T：This is an animal. The color is green. What's this?
> 　　　S：Frog.
> 　　　T：That's right! It is a frog.
> ※3回ほどクイズをする。

2．Step2として，What's this? の意味と形式，答え方を生徒に気づかせる。

○Task

1．Step3として，シルエットカードを配付する。

2．生徒は自分の好きなようにシルエットカードをビンゴシートに配置し，オリジナルのビンゴシートを作成する。

3．Model Dialog の練習を導入する。生徒を起立させ，Model Dialog を参考にして会話をさせ，ビンゴをたくさん完成させる。

4．Step4として，話したことを基に英文を書かせる。

2. ワンポイント・アドバイス

・シルエットカードに使われているものの発音がわからない生徒がいる場合は，発音練習を取り入れてもよい。

（Yoshi ゼミ）

Part2　フォーカス・オン・フォーム＆パフォーマンス・テストアイデア　49

Class____ No.____ Name_____

Work Sheet

What's this?
これはな～んだ？

Step1　先生のクイズの答えは何かな？　下に書いてみよう！

①	②	③

Step2　Grammar Point

◎ What is this?（意味：　　　　　　　　　）
◎ It is a frog.（意味：　　　　　　　　　）
★ What is this? を短くすると（　　　　　）（　　　　　）？
★ It is 〜. を短くすると（　　　　　）となるよ！

Step3　ビンゴ！　What's this?

〈Model Dialog〉（じゃんけんをして勝った方がA）

A：Hello, how are you?

B：I'm good.　And you?

A：I'm good.　This is a (an)（animal / fruit / instrument）.　The color is ....

B：Is it a ○○ ?

A：That's right!　It is a ○○ .

【わからなかった時／間違えた時】

B：Sorry, one more hint please.

A：Ok! It's（small / big / long）.　What's this?

B：Is it a △△ ?

A：That's right!　It is a △△ .

＊ Change your role.

A：Nice talking with you.

B：Nice talking with you, too.

※ animal：動物　fruit：果物　instrument：楽器

Class____ No.____ Name_____

〈Rule〉

① もらったシルエットカードを自由に並べてオリジナルのビンゴカードを作ろう！

② Model Dialog を参考に友達と質問し合おう！　目標は2ビンゴ！

※ ENGLISH ONLY‼　ジェスチャーは最後の手段‼　簡単に使ってはダメです‼

Step4　話したことをもとに英文を書こう！

Part2　フォーカス・オン・フォーム＆パフォーマンス・テストアイデア　51

【シルエットカード】

Task8 　Help my partner!
does not　食材を集めよう！

目　標	does not 〜を使って，その場にはいない第三者について紹介できるようになる。
時　間	20分
準備物	ワークシート，input 時の写真，材料カード

1．タスクの進め方

○Pre-task

1．Step1として，有名人2名（例：マツコ・デラックス，篠原信一）と一都市（例：名古屋）の写真を用意し，does not 〜の文型を導入する。生徒に聞き取れたことをワークシートに記入させる。

> （例1）T：She is Matsuko DX.　Matsuko DX likes rice and miso soup.　But, she does not like meat.
>
> （例2）T：He is Shinichi Shinohara.　Shinichi Shinohara plays judo.　But, he does not play boxing and baseball.
>
> （例3）T：This is Nagoya.　Nagoya has a castle and zoo.　But, it doesn't have an amusement park.

2．Step2として，Step1で話した内容をもう一度聞かせて，聞き取れた方に○をつけさせる。

3．Step3として，does not 〜の形式を生徒に気づかせる。

○Task

1．Step4として，隣同士でペアを作り，生徒一人一人に材料カードを配付する。

2．それぞれのペアにパートナーがどの材料を持っているのかを確認させる。

3．クラスメートと情報を交換しパートナーが持っていない材料を集める。（自分の材料カードはずっと持っておく。）

4．ペアで自分たちが集めた材料のポイントの合計を計算する。

5．Step5として，doesn't を使った英文を書かせる。

2．ワンポイント・アドバイス

・慣れてきた生徒には，Model Dialog を見ないで会話をするように促すとよい。

（Yoshi ゼミ）

Part2　フォーカス・オン・フォーム&パフォーマンス・テストアイデア　53

Class___ No.___ Name_____

Work Sheet

Help my partner!
食材を集めよう！

Step1　先生の話を聞こう！

(1) マツコが好きなものには○，嫌いなものには×を☐の中につけよう！

(2) 篠原信一がするスポーツには○，しないスポーツには×を☐の中につけよう！

(3) 名古屋にあるものには○，ないものには×を☐の中につけよう！

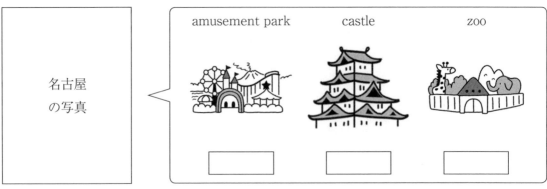

Class_____ No._____ Name_____

Step2 　聞こえた方に○をつけよう！

(1) Matsuko DX (likes / like) rice and miso soup.

But, she does not (like / likes) meat.　　　　　　　　　　※ meat：肉

(2) Shinichi Shinohara (does / do) judo.

But, he (does / do) not (plays / play) boxing and baseball.

(3) Nagoya (have / has) a castle and zoo.

But, it (doesn't / don't) (have / has) an amusement park.

Step3 　Grammar Point

〈復習〉Matsuko likes rice and miso soup.（意味：　　　　　　　　　　　　　）

◎ She does not like meat.（意味：　　　　　　　　　　　　）

★主語が I と You 以外の時，つまり He, She, It が主語で，一般動詞を使った否定文には，
　一般動詞の前に（　　　　　　　　）を置く。

　そして，一般動詞に s と es は（つく ・ つかない）。

　また，does not は doesn't に省略できる。

　Ex）She doesn't like meat.

Step4 　Help your partner and cook curry and rice!

　今からペアでカレーを作ろう！　しかし，材料がない！

　ペアで協力して，ペアのために多くの食材を集めよう！

(1) お互いの情報を交換し合おう！　自分のパートナーはどの食材を持っている？　持っているものには□の中に○をかこう！

〈材料 List〉　自分の食材_____

rice	5 pt		curry powder	5 pt	
potatoes	1 pt		carrots	1 pt	
onions	1 pt		chicken	3 pt	

Part2 　フォーカス・オン・フォーム＆パフォーマンス・テストアイデア

Class____ No.____ Name_____

(2)　助けを求めよう！

〈Model Dialog〉（じゃんけんをして勝った方がＡ）

A：Hello, help my partner,（パートナーの名前）！

　　(He / She) doesn't have _____, _____, _____, _____ and _____.

　　But (he / she) has _____.

> パートナーが持っていないものをすべて伝える。

B：Oh, (he / she) doesn't have a lot of food.　Ok, I have a lot of _____.

　　Here you are.

> 自分が持っている食材

A：Thank you very much!

B：You're welcome!

＊ Change your role.

【相手のパートナーと自分が持っている食材が同じだった時】

B：I'm sorry.　I have _____, too.　A：Ok, good-bye!

ゲットした食材	Pt			
Ex）rice	5 pts			

(3)　ペアで合計何ポイントゲットできたかな？　　　［　　　　　］points!

Step5　パートナーのためにゲットできなかった食材はあったかな？

　パートナーがまだ持っていない食材を doesn't を使って英語で書いてみよう！（すべてゲットできた人も，１つ食材を選んで doesn't を使ってパートナーについて書いてみよう！）

Ex）Hoshiya doesn't have rice.

【材料カード】

Task9　English is interesting.
be 動詞＋形容詞①　いやいや面白いでしょ！ゲーム

目　標	タスクを通して，○○ is 形容詞 . が使えるようになる。
時　間	20分
準備物	ワークシート，タイマー

1．タスクの進め方

○Pre-task

1．Step1として，教師は自分の好きな教科，嫌いな教科を○○ is 形容詞 . を使って話す。生徒はそれを基に表をまとめる。

> （例）I like English very much.　English is interesting.
>
> 　　　I like Japanese.　Japanese is easy.
>
> 　　　I don't like math.　Math is not easy.　Math is difficult.

2．Step2として，Step1で話した内容をもう一度聞かせて，聞き取れた方に○をつけさせる。

3．Step3として，○○ is 形容詞 . の形式と意味を生徒に気づかせる。

○Task

1．Step4として，英単語を確認し，5教科について，好き嫌い等を書く。

2．タスクのルールを説明し，Model Dialog を導入する。ペアでじゃんけんをして，勝った方から始めさせる。

3．教師は時間内に（10分）全員が終了したことを確認し，ポイントを計算させる。また，何点獲得したか生徒に尋ねる。

4．Step5として，自分のことについて英文を書かせる。

2．ワンポイント・アドバイス

・Model Dialog を導入して，英語使用を徹底させる。

（Yoshi ゼミ）

Class____ No.____ Name_____

Work Sheet

English is interesting.
いやいや面白いでしょ！ゲーム

Step1　先生の話を聞いて，表にまとめよう！

好きな教科	嫌いな教科

Step2　聞こえた方に○をつけよう！

(1) I like English very much. English (is / are) interesting.

(2) I like Japanese. Japanese is (easy / difficult).

(3) I don't like math. Math is (no / not) easy. Math is difficult.

Step3　Grammar Point

◎ English is interesting.（意味：　　　　　　　　　　　　　　）
★（　　　　　）＝(is, am are) の後ろに（　　　　　）がきて，（　　　　　）を説明する。
◎ Math is not easy.（意味：　　　　　　　　　　　　　　　　）
★否定をする時は，（　　　　）を（　　　　）の前におく。

Step4　英語？簡単？難しい！いやいや面白いでしょ！ゲーム

＊ Let's check vocabulary!

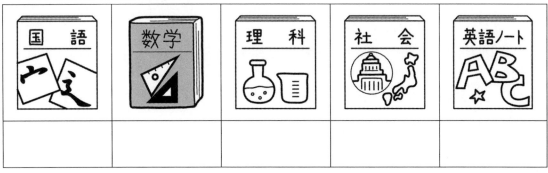

interesting …	boring …
not interesting …	exciting …
easy …	difficult …

Class＿＿＿ No.＿＿＿ Name＿＿＿＿＿＿＿＿＿＿＿＿＿＿＿＿

〈Rule〉

① 10分以内で，自分と同じことを考えている人を見つけよう。

② 聞けるのは5人まで。

③ 1つ同じで1点，2つ同じで2点，5つとも同じだと5点＋ボーナス2点で7点ゲット！

④ Model Dialog を使って時間内にできるだけ多くの友達にインタビューしよう！

⑤ 会話が終わったらメモをとって，ポイントを計算しよう。

〈Model Dialog〉（じゃんけんをして勝った方がA）

A：Hello, how are you?

B：Hello, I'm fine (great / good / so-so / bad etc …). Thank you. And you?

A：I'm fine (great / good / so-so / bad etc …). So, Do you like English?

B：① Yes, I do. I like English. English is interesting.

　② Yes, I do. I like English. English is easy.

　③ No, I don't. I don't like English. English is difficult.

A：①②に対して… I think so, too!

　③に対して… Really? / Oh, you don't like English.

　How about Japanese?

B：① I like Japanese. Japanese is interesting.

　② I like Japanese. Japanese is easy.

　③ I don't like Japanese. Japanese is not interesting.

A：①②に対して… I think so, too!

　③に対して… Really? / Oh, you don't like Japanese.

　How about math?

B：① I like math. Math is interesting.

　② I like math. Math is easy.

　③ I don't like math. Math is difficult.

＊ Change your role.

A：Nice talking with you!

B：You, too.

Class____ No.____ Name_____

Name	Japanese	Math	Science	Social studies	English
自分					
①					
②					
③					
④					
⑤					

Total

Step5 英文を書いてみよう！

Part2　フォーカス・オン・フォーム＆パフォーマンス・テストアイデア　61

Task10　My school is wonderful!
be 動詞＋形容詞②　学校紹介

目　標	主語＋be 動詞＋形容詞の形で，転校生に学校のおすすめを教えるための作文を書くことができるようになる。
時　間	30分
準備物	ワークシート

1.　タスクの進め方

○Pre-task

1．Step1として，教師の話す英語を聞いて，表を完成させる。

> ［Script］　Welcome to Minami Junior High School.　My students are kind.　The school lunch is delicious.　The garden is nice.　The teachers are friendly.

2．Step2として，名詞と形容詞をわけ，その違いに気づかせる。

3．Step3として，形容詞の復習をし，また活動で使えそうな形容詞を知る。

○Task

1．Step4として，ワークシートの英語にならって，ペアで会話する。まずは，[　　]を各自で埋めさせ，教師とともに簡単な発音練習をした後，ペアで会話をさせる。基本的には，読めば会話になる形で書かれているが，より自然な会話にするため，聞き返す時の "How about you?"，聞いている時の "I think so, too." "You're right." を使うよう指導する。ペアを変えて，3，4回は行いたい。くり返すごとに，ワークシートを見ずにスラスラと言えるようになることを期待する。

2．Step5として，ペアで話した内容を基に，見本にならって作文にまとめる。

2.　ワンポイント・アドバイス

・Step4のペアで対話をさせる部分では，(1)では，"Let's talk about …?" で会話を始めるが，(2)以降は，同じ表現を避け，"How about …?" と言わせる。また(3)で How，(4)で How about を消し，書かれていなくても覚えて言わせるとよい。

・Step5の作文は，自由な英作文というよりは，見本を写す部分が多い。1年生ということもあり，まずはパラグラフ・ライティングの形を学ばせたい。学習初期から，1文書き終えたら，行に余裕があれば次の文を書くというスタイルに慣れさせるとよい。

・学校の状況によっては，ホームページを書くという設定や，留学生に紹介するという設定で行うこともできる。

（石飛典子）

Class___ No.___ Name_____

Work Sheet

My school is wonderful!
学校紹介

ミッション：Let's introduce Minami Junior High School to our new students!
南中学校のおすすめを，転校してきた生徒に伝えよう！

Step1 南中学校についての内容を聞き，まとめよう！

優しいのは_____   美味しいのは_____

素敵なのは_____   親しみやすいのは_____

Step2 次の文の違いを見つけよう。下線部を仲間分けしよう。（　　）には意味を書こう！

Mr. Tanaka is a teacher.

Mr. Tanaka is kind.

I am a student.

I am smart.

名詞	形容詞
_____（　　　）	_____（　　　）
_____（　　　）	_____（　　　）

Step3 次の形容詞の意味を復習しよう！

exciting（　　　　　）   kind（　　　　　）   delicious（　　　　　　）

difficult（　　　　　）   easy（　　　　　）   interesting（　　　　　　）

popular（　　　　　）   funny（　　　　　）   nice（　　　　　　）

Step4 Let's talk about Nan-chu. 南中学校のことを話そう！

(1) Let's talk about subjects.

What is interesting?   [   ] is interesting.

(2) How about teachers?

Who is funny?   [   ] is funny.

(3) ____ about clubs?

What is exciting?   [   ] is exciting.

(4) ____ ____ students?   The students are [   ].

(5) Minami Junior High School is a [   ] school.

| How about you? | I think so, too. | You're right. |

Part2　フォーカス・オン・フォーム&パフォーマンス・テストアイデア　63

Class____ No.____ Name_____

Step5　Let's make a good recommendation! 南中のおススメ紹介文を書こう！

〈見本〉

　　　　Welcome to Minami Junior High School! Our school is in eastern Nagoya.
We have about 360 teachers and 35 students.
　　　　English is interesting. Mr. Tanaka is funny. The brass band is exciting.
The students are friendly. Minami Junior High School is a wonderful school.

○最初の段落はしっかり写そう。「ようこそ南中学校へ！」で書き始めよう。
○2段落目は，Step4をもとに，下線部を書き換えよう。見本をしっかり見て書こう。
○「南中学校は○○な学校です。」という一文でしめよう。

〈チェック List〉

形容詞の使い方	段落形式の書き方	字のていねいさ	最後まで書けたか
Good / No good	Good / No good	Good / No good	Good / No good

Task11 Let's Introduce!（Review）

be 動詞・一般動詞の復習①　ALT に自己紹介と他者紹介をしよう！

目　標	自己紹介と家族や友達などの他者紹介ができるようになる。
時　間	30分
準備物	ワークシート，他者紹介のための写真，Fun Essay シート，評価表

1. タスクの進め方

○Pre-task

1．Step1として，教師の自己紹介と他者紹介を聞かせ，わかったことを表にまとめさせる。ペアで答えを確認させてから，全体で確認する。

> 〈自己紹介〉Hello, everyone.　I am Yuki Tanaka.　I am an English teacher.　I like music very much.　I listen to music every day.　I love animals, too.　I have a shiba dog. His name is Kojiro.　He is very cute.　I want a cat, too.
>
> 〈他者紹介〉Please look at this picture.　This is my brother Masato.　He is 35 years old.　He works at a high school.　He is a math teacher.　He doesn't like English.　He likes sports very much.　He loves soccer and basketball.　He has a soccer ball and a basketball.　Now he wants a basket goal at home.

2．Step2として，Mind map で，自分と家族，友達について日本語でまとめさせる。

3．Step3として，教師の例にならって，自分自身と他者（Mind map で書いた人の中から選ぶ）について英語の紹介文を書かせる。

4．Step4として，ペアの相手に質問を書いてもらう。ALT に自分や他者を紹介して，聞かれた質問に答える Speaking test を行うことを告知する。評価基準を示し，どのようなことができればよいかを生徒に伝える。

○Task

1．Speaking test の Model Dialog（自己紹介・他者紹介をして，その後聞かれた質問に答えながら会話する）を教師とボランティアの生徒でやってみせる。

2．Step5として，Speaking test の練習を兼ねて，Speaking test の会話を練習させる。自己紹介・他者紹介をする生徒はワークシートを見ずに話せるようにするため，1回目はワークシートを見て，2回目はワークシートをなるべく見ずに，3回目以降はワークシートを見ずに話すように指示を出す。

2. ワンポイント・アドバイス

・待っている間は，自分自身についての Fun Essay を書かせるとよい。　　　　　（福元有希美）

Part2　フォーカス・オン・フォーム&パフォーマンス・テストアイデア　65

Class___ No.___ Name_____

Work Sheet

Let's Introduce!
ALTに自己紹介と他者紹介をしよう！

Step1　先生が自分自身と家族を1人紹介します。わかったことを表にまとめよう！

先生の自己紹介	（　　　　　　　　　）の紹介

Step2　〈Mind map〉自分自身，家族，友達についてまとめよう！

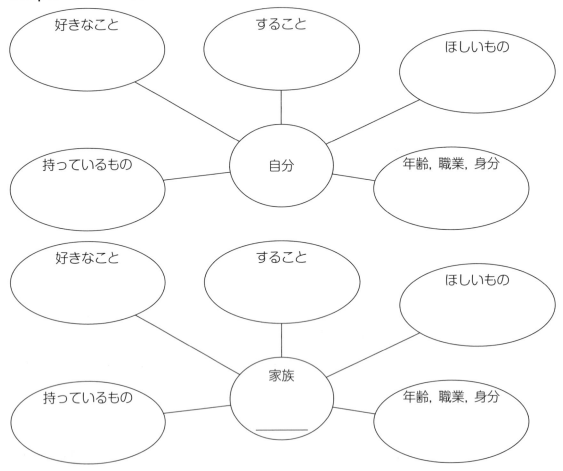

Class＿＿＿ No.＿＿＿ Name＿＿＿＿＿＿＿＿＿＿＿＿

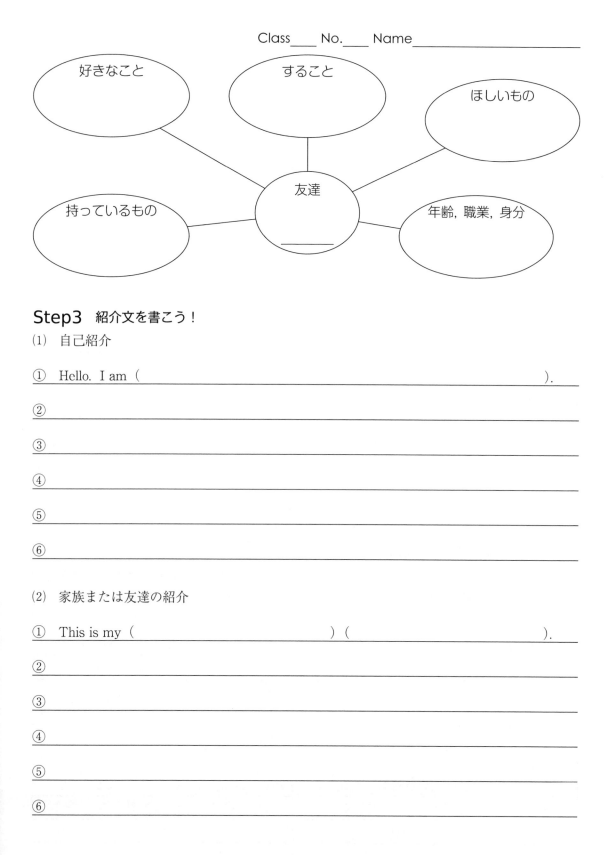

Step3 紹介文を書こう！

(1) 自己紹介

① Hello. I am （　　　　　　　　　　　　　　　　　）.

② ＿＿＿＿＿＿＿＿＿＿＿＿＿＿＿＿＿＿＿＿＿＿＿＿＿＿＿＿

③ ＿＿＿＿＿＿＿＿＿＿＿＿＿＿＿＿＿＿＿＿＿＿＿＿＿＿＿＿

④ ＿＿＿＿＿＿＿＿＿＿＿＿＿＿＿＿＿＿＿＿＿＿＿＿＿＿＿＿

⑤ ＿＿＿＿＿＿＿＿＿＿＿＿＿＿＿＿＿＿＿＿＿＿＿＿＿＿＿＿

⑥ ＿＿＿＿＿＿＿＿＿＿＿＿＿＿＿＿＿＿＿＿＿＿＿＿＿＿＿＿

(2) 家族または友達の紹介

① This is my （　　　　　　　　　　　）（　　　　　　　　　　　）.

② ＿＿＿＿＿＿＿＿＿＿＿＿＿＿＿＿＿＿＿＿＿＿＿＿＿＿＿＿

③ ＿＿＿＿＿＿＿＿＿＿＿＿＿＿＿＿＿＿＿＿＿＿＿＿＿＿＿＿

④ ＿＿＿＿＿＿＿＿＿＿＿＿＿＿＿＿＿＿＿＿＿＿＿＿＿＿＿＿

⑤ ＿＿＿＿＿＿＿＿＿＿＿＿＿＿＿＿＿＿＿＿＿＿＿＿＿＿＿＿

⑥ ＿＿＿＿＿＿＿＿＿＿＿＿＿＿＿＿＿＿＿＿＿＿＿＿＿＿＿＿

Class____ No.____ Name_____

Step4　質問を書いてもらおう！

(1)　本人についての質問

Are you
Do you

(2)　家族・友達についての質問

Is （　　　）
Does （　　　）

〈Word List〉

家族	職業・身分
father	an office worker 会社員
mother	a housewife 主婦
brother	a part-time worker アルバイト
⇒ older brother 兄 / younger brother 弟	a student
sister	⇒ an elementary school student 小学生
⇒ older sister 姉 / younger sister 妹	⇒ a junior high school student 中学生
grandfather	⇒ a high school student 高校生
grandmother	⇒ a university （college） student 大学生

いろいろな一般動詞			
live （s）	住んでいる	go （es）	行く
like （s）	（～が）好きだ	come （s）	来る
play （s）	（スポーツ・楽器を）する	want （s）	（～が）ほしい
do （es）	〔広い意味で〕する	walk （s）	歩く，歩いて行く
have （⇒ has）	（～を）持っている	teach （es）	（～を）教える
study （⇒ studies）	（～を）勉強する	speak （s）	（～を）話す

Class____ No.____ Name_____

Step5　3人の友達とSpeaking testの練習をしよう！

名前	自己紹介について	家族・友達の紹介について
さん		
さん		
さん		

Part2　フォーカス・オン・フォーム&パフォーマンス・テストアイデア　69

Class_____ No._____ Name_____

Fun Essay:

Class＿＿＿　No.＿＿＿　Name＿＿＿＿＿＿＿＿＿＿＿＿＿

【評価表】

項目		評価基準	得点		
関心意欲態度	〈積極性〉笑顔・アイコンタクト　2点	1．アイコンタクトをしながら自然な笑顔で英語を話すことができたか	A（2）両方ともできた	B（1）どちらかはできた	C（0）ひとつもできなかった／ワークシートを見た
	〈話し方〉声の大きさ　2点	2．はっきりと聞こえる大きな声で話すことができたか	A（2）はっきり聞こえた	B（1）一応聞こえた	C（0）聞こえづらかった
表現	〈話し方〉発音　2点	3．英語らしい発音で話すことができたか	A（2）英語らしい発音でできた	B（1）カタカナ英語になる時があった	C（0）カタカナ英語が多かった
	〈写真の活用〉　3点	4．写真を使って，語りかけるようにして，自然な紹介ができたか	A（3）自然にできた	B（2）まあまあできた	C（1）うまく活用できなかった
	〈流暢さ〉　3点	5．ワークシートを見ずに，スムーズに会話を続けることができたか	A（3）沈黙はほとんどなかった	B（2）時々沈黙があった	C（1）沈黙が多かった／ワークシートを見た
	〈言語材料の活用〉　3点	6．これまでに習った英語を活用し，個性的な内容にすることができたか	A（3）とても個性的だった	B（2）どちらかというと個性的だった	C（1）あまり個性的ではなかった／ワークシートを見た
	〈言語材料の活用〉　3点	7．be 動詞と一般動詞を正確に使うことができたか	A（3）だいたい正確な文法で話せた	B（2）時々間違えることはあったが，意味は十分に伝わった	C（1）間違いが多く，意味が伝わらないことも多かった／ワークシートを見た
	〈言語材料の活用〉　2点	8．ALT の質問に正確に答えることができたか	A（2）意味をすべて理解し，ほぼすべて正確に答えることができた	B（1）意味はすべて理解できていたが，正確に答えられない時があった	C（0）あまり正確に答えられなかった／ワークシートを見た
		総合判定	A⁺／A／A⁻すばらしかった	B⁺／B／B⁻よくできた	C⁺／C／C⁻次はがんばろう

話し方・態度：　　　6点
流暢さ・CS の活用：　6点
言語材料の正確な活用：8点
　　　　　　　　計20点

／20

Part2　フォーカス・オン・フォーム＆パフォーマンス・テストアイデア　71

Task12 Let's talk to our friends! (Review)

be 動詞・一般動詞の復習② 自分のことを言ったり相手のことを聞いたりしよう!

目　標	相手に自分のことを紹介したり，相手のことを聞いたりできるようになる。
時　間	50分
準備物	ワークシート，評価表，タイマー

1. タスクの進め方

○Pre-Task

1. 日ごろの生徒同士のスモールトークにリアクション（Communication Strategies）の仕方を少しずつ導入し，生徒がある程度使えるように指導しておく。

2. 教師は生徒に2人1組で Speaking test（自分のことを言ったり相手のことを聞いたりする）を行うことを連絡する。Speaking test については，当日までだれと当たるかはわからないことを伝える。また，Speaking test の評価基準を伝える。

○Task

1. Step1として，教師（JTE）と ALT による会話のデモンストレーションを行う。この際，リアクションを強調する。

2. Step2として，リアクション「会話の道しるべ」を説明する。

3. Step3として，「話題の広げ方」に気づかせる。

4. Step4として，質問の文の読みや意味を一斉指導で確認する。

5. 次に，個人で質問に答えさせる。教師は机間指導を行い，生徒の質問に答えたり，苦手な生徒の答えを一緒に考えたり，ペアやグループで答えの文の確認を行うよう指示を出す。

6. Step5として，ペアによる会話活動を相手を変えて3回行う。教師は，生徒の会話の様子を観察し，必要があればその場に応じた指導やアドバイスを行う。また，それぞれの回の会話の目標を毎回確認し，（今回はワークシートに頼ることを徐々に減らす）その目標に対する達成度を互いに評価させる。

2. ワンポイント・アドバイス

・Speaking test の当日，くじ引きで会話の相手をランダムに選び，廊下や空き教室などに案内する。

・「用意始め」で会話を開始し，タイマーが鳴ったらきりのいいところで終わるよう指示を出す。

・練習でペアで互いの会話の様子を観察させ，生徒間で評価を行うと，互いに学び合う機会が増えたり，評価基準をしっかりと把握させたりすることができる。

（神崎淳子）

Class____ No.____ Name_____

Work Sheet

Let's talk to our friends!
自分のことを言ったり相手のことを聞いたりしよう！

Step1 先生たちの会話を聞こう！

〈Model Dialog〉

JTE： Hello! How are you?

ALT： Oh, Hi! I'm fine. How about you?

JTE： I'm fine. Let me see …, do you like sports?

ALT： Yes, I do. I like golf.

JTE： Wow! golf. That's cool.

ALT： How about you? Do you like sports?

JTE： Well, I don't like sports, but I like music very much.

ALT： Wow! That's good. I like music, too. I like Hip-hop. Do you like Hip-hop?

JTE： Yes, Hip-hop is cool. But I like J-pop. I like Arashi's songs.

ALT： Oh, I know them, too. I listen to Arashi's song in my car.

JTE： Wow! I listen to American pop music in my car.

ALT： Oh, I see.

JTE： Well, thank you for talking to me.

ALT： Thank you. See you.

JTE： See you.

Step2 リアクションは「会話の道しるべ」 積極的に使おう！

うなずく　　 I see. Ah-huh.【Key word repeat. 】

同意を表す　 Oh, me, too. Yes, I think so, too.

驚きを表す　 Wow! Really? Oh, no!【Key word repeat? 】

反対を表す　 I don't think so. It is not true.

コメントをする　 That is great! Cool! Wonderful! I like it!

自分が考える　 Let me see …. Well ….

聞き返す　　 Pardon? What is 〜? One more time, please.【Key word repeat? 】

> Key word repeat は話の内容や言い方次第でいろいろな使い方ができる優れもの

Step3 まとまりのある話をしよう！

1つの話題をもっと聞いたりもっと説明したりして，話題を広げよう。

（例1） A：Do you like sports?　（スポーツ）

　　　　 B：Yes, I do.

Part2　フォーカス・オン・フォーム&パフォーマンス・テストアイデア　73

Class____ No.____ Name_____

A : Oh, I see. Do you like music? （音楽）

B : No, I don't. How about you?

A : Do you like Japanese food?

B : Yes, I do.

A : Do you like animals?

B : No, I don't.

（例2） A : Do you like sports? （スポーツ）

B : Yes, I do.

A : Oh, I see. What sports do you like? （スポーツをくわしく）

B : I like basketball. I watch baseball on TV. I like major league.
How about you?

A : I like baseball, too. I watch Japanese baseball game on TV. I play baseball
every day at school.

> 話がどんどん変わっています。

> スポーツについて話を広げています。

Step4 自己紹介：話したいことをまとめておこう！

○名前・年齢

What's your name?

_____

How old are you?

_____

○スポーツ，部活に関すること

Do you like sports?

☐ Yes, I do.   ☐ No, I don't.

●上の答えが Yes の時   What sports do you like?
●上の答えが No の時   What do you like?

☐ I like

Are you in （   ） club?

☐ Yes, I am.   ☐ No, I'm not.

74

Class____ No.____ Name_____

What club are you in?

☐　I'm in the
_____

Do you play（do）it every day?

☐　Yes, I do.　　☐　No, I don't. I play it on
_____

○ペットに関すること
Do you like animals?

☐　Yes, I do. I like
_____

☐　No, I don't. I don't like animals.
_____

What animals do you like? / What animals do have?

☐　I like   ☐　I don't like animals.
_____

☐　I have   ☐　I don't have any animals.
_____

How many pets do you have?

☐　I have _____ pets at home.   ☐　I don't have any pets at home.
_____

○食べ物に関すること
Do you like Japanese food or Western food?

☐　I like
_____

What（　　　　　　　）food do you like?

☐　I like
_____

Part2　フォーカス・オン・フォーム&パフォーマンス・テストアイデア　75

Class＿＿＿ No.＿＿＿ Name＿＿＿＿＿＿＿＿＿＿＿＿＿＿＿＿

Step5　会話活動の振り返り：仲間と会話をしよう！

A 良くできた　B まあまあ良くできた　C あまり良くできなかった　D 全くだめだった

〈1回目〉目標：2分間会話を続けよう。

1　会話に積極的に参加できましたか？

2　今までに習った英語を使って会話を続けることができましたか？

3　リアクションを使うことができましたか？

4　話題を広げて会話をすることができましたか？

〈2回目〉目標：原稿を見るのを半分以下におさえて2分間会話を続けよう。

1　会話に積極的に参加できましたか？

2　今までに習った英語を使って会話を続けることができましたか？

3　リアクションを使うことができましたか？

4　話題を広げて会話をすることができましたか？

〈3回目〉目標：原稿を見ないで2分間会話を続けよう。

1　会話に積極的に参加できましたか？

2　今までに習った英語を使って会話を続けることができましたか？

3　リアクションを使うことができましたか？

4　話題を広げて会話をすることができましたか？

●この活動を行って自分が良くできたこと，できなかったこと，会話の中で気づいたことなど，自由に書こう。

Class＿＿＿ No.＿＿＿ Name＿＿＿＿＿＿＿＿＿＿＿＿＿＿＿

【評価表：Speaking test】

項目	評価基準	得点
態度	原稿に頼らず会話を続けることができたか。 見なかった：3点　　1回だけ見た：2点　　2回以上見た：1点	
意欲	自分から質問をしたり，説明をしたりして，2分間会話を継続することができたか。 積極的に関わって会話を継続させていた：3点 少し間があったが，大体できていた：2点 長い間があったり，積極的な参加が見られなかったりした：1点	
マナー	相手の目を見て，わかりやすい音量で，ジェスチャーを使い，笑顔で会話をしていたか。 □ eye contact　□ voice control　□ gesture　□ smile（できたものに✓） すべてできた：3点　　3つできた：2点　　2つできた：1点	
リアクション	はじめのあいさつと終わりのあいさつ，様々な種類のリアクションを組み合わせて会話をしていたか。 キーワードリピートを含む様々なリアクションを適切に使うことができた：3点 複数のリアクションを使うことができた：2点 リアクションが少なかった。あるいは1種類だけだった：1点	
正確さと流暢さ	英語を正確かつなめらかに使用していたか。 良くできていた：3点 間違いやなめらかでないことが少しあったが，問題はなかった：2点 間違いやなめらかでないことが目立ち，違和感があった：1点	
内容の広がり	それぞれのテーマの内容を広げながら会話をすることができたか。 質問や説明で話題を十分広げることができた：3点 質問あるいは説明で広げることができた：2点 話題があちこちとんでいた：1点	

／18

Part2　フォーカス・オン・フォーム＆パフォーマンス・テストアイデア　77

Task13　International Food（Review）

be 動詞・一般動詞の復習③　お気に入りの食べ物

目　標	タスクを通して，自分の好きな international food について話せるようになる。
時　間	20分
準備物	ワークシート，評価表，タイマー

1．タスクの進め方

○Pre-task

1．Step1として，料理の種類を Mind map に書き込ませる。

2．Step2として，自分の好きな国の食べ物について，質問に答えさせる。Word List を参照させる。

3．Speaking test の評価基準を見せて説明する。

○Task

1．Step3として，Model Dialog を導入する。

2．ペアを変えて，5回練習する。1回ごとに，ペアで会話が終わったら，内容について表に記入させる。3回目からは，Model Dialog を見ないで会話をさせる。

2．ワンポイント・アドバイス

・Mind map を行う際に，より多くの意見を出せるようにすると会話の幅が広がる。

・練習の際には，評価表を意識させると，より集中して練習ができる。

（Yoshi ゼミ）

Class____ No.____ Name_____

Work Sheet

International Food
お気に入りの食べ物

Step1 〈Mind map〉 Let's think about international food!

Step2 Answer the questions.

(1) What is your favorite international food?

_____

(2) Write two reasons.   ※ reason：理由

_____

_____

〈Word List〉

・healthy　健康な ・spicy　辛い ・bitter　苦い ・sweet　甘い ・salt　塩味の	・Japanese food　日本料理 ・Chinese food　中華料理 ・Korean food　韓国料理 ・Indian food　インド料理 ・Italian food　イタリア料理 ・French food　フランス料理 ・Mexican food　メキシコ料理

Class＿＿　No.＿＿　Name＿＿＿＿＿＿＿＿＿＿＿＿＿＿＿

Step3　Let's talk about your favorite food!

〈Model Dialog〉

A : Hello, how are you?

B : I'm （good / happy / not bad）. How about you?

A : I'm （good / happy / not bad）. Let's talk about international food.

B : OK!

A : What is your favorite international food?

B : My favorite food is Chinese food.

A : Chinese food. Great.

B : I like Chinese food. It is delicious. I like *nikuman*.

A : Sounds nice.

B : Do you like Chinese food?

A : Yes, I do.

B : Great! So, what is your favorite international food?

A : Well … my favorite food is Indian food.

B : Indian food. I see.

A : I like Indian food. It is spicy. I like curry and rice.　　　　　　　※ spicy：辛い

B : That's nice.

A : Do you like Indian food?

B : No, I don't. I don't like spicy food.

A : That's too bad. Nice talking with you.

B : Thanks, you too.

Name	International food	Reasons	
（例）Yusaku	Japanese food	healthy	miso soup

80

Class____　No.____　Name_____

【評価表】

(1) 流暢さ

項目	評価基準	得点
表現の能力	・1分間，スムーズに英語で会話を続けることができた。 ・Communication Strategies（CS）を適切に使えていた。	7
	・1分間，途切れながらも英語で会話を続けることができた。 ・会話はスムーズに続いたが，CS を使う場面は少なかった。	5
	・会話を1分間続けることができなかった。 ・CS がほとんど使えておらず，会話に沈黙があった。	3
	・会話を1分間続けることができなかった。途中，日本語を使った。 ・CS がほとんど使えておらず，会話に沈黙があった。	1

(2) 正確さ

項目	評価基準	得点
表現の能力	What や既習の文法項目を正しく使うことができた。	3
	文法に誤りがあったが，意味を通じさせることができた。	2
	文法がほとんど正しく使えていなかった。	1

(3) 声の大きさ，アイコンタクト，あいづち

項目	評価基準	得点
関心・意欲・態度	・相手に十分聞こえる大きくてはっきりとした声で話せた。 ・アイコンタクトを積極的にして相手が理解しているか確かめた。 ・あいづちをうったり，関心を表したりすることができた。	5
	・声の大きさやアイコンタクトのどちらかはよかったが，どちらかが不十分であった。 ・あいづちをうったり，関心を少しだけ表したりすることができた。	3
	・声の大きさ，アイコンタクトの両方が不十分だった。 ・あいづちをうったり，関心を表したりできなかった。	1

／15

Part2　フォーカス・オン・フォーム&パフォーマンス・テストアイデア　81

Task14　Let's talk about our friends.
三単現（～s, ～es）　友達の名前を当てよう！

目　標	三単現の用法を使って，友達の紹介をできるようになる。
時　間	25分
準備物	ワークシート，写真，好きなこと・することカード

1．タスクの進め方

○Pre-task

1．Step1として，教師がキャラクターの写真を見せて，生徒に情報を聞き取らせる。

> (1)　This is Doraemon.
>
> 　　　He likes *dorayaki* very much.
>
> 　　　He plays soccer.
>
> (2)　This is Dorami. Doraemon's sister.
>
> 　　　She likes melon bread.
>
> 　　　She plays hula-hoop.
>
> (3)　Doraemon and Dorami live in Tokyo.

2．Step2として，Step1の例文をもう一度聞かせて，聞こえた方に○をつけさせる。

3．Step3として，三単現を使った文を黒板に書き，三単現の形式に気づかせる。

○Task（友達紹介）

1．切り離した好きなこと・することカードを配り，like と play を使った文を生徒に書かせる。教師は，生徒のカードを回収してから，それぞれの生徒に別のカードを配付する。

2．Step4として，Model Dialog を導入する。ペアを変えて，5人の友達と会話をして，クイズを出させる。それぞれの会話が終わったら，内容をメモさせる。最初の2文でクイズの正解が出たら3ポイントを与える。不正解の場合，Model Dialog にしたがって，もう1文ヒントを与え，正解なら2ポイントを与える。不正解の場合は，さらにもう1文ヒントを与え，正解なら1ポイントを与える。

3．Step5として，メモした内容を参考にして，三単現を使って文を書かせる。

2．ワンポイント・アドバイス

・時間があれば，再度カードを回収して2回行うとよい。

（Yoshi ゼミ）

82

Class＿＿ No.＿＿ Name＿＿＿＿＿＿＿＿＿＿＿

Work Sheet

Let's talk about our friends.
友達の名前を当てよう！

Step1　表にまとめよう！

	キャラクター	情報
(1)		
(2)		
(3)		

Step2　聞こえた方に○をつけよう！

(1)　This is Doraemon.

He（ like / likes ）*dorayaki* very much.

He（ plays / play ）soccer.

(2)　This is Dorami. Doraemon's sister.

She（ likes / like ）melon bread.

She（ play / plays ）hula-hoop.　　　　　　　※ hula-hoop：フラフープ

(3)　Doraemon and Dorami（ lives / live ）in Tokyo.

Step3　Grammar Point

〈復習〉　I like *dorayaki*.　（意味：　　　　　　　　　　　　　　） 　　　　　He likes *dorayaki*.　（意味：　　　　　　　　　　　　　　）	
I　　　…1人称 you　　…2人称 それ以外…（①　　　　　）	主語が（①　　　　　）の時，動詞の後ろに （　　　）をつける。 ＊単数でないといけないよ。

動詞の変化

1．ほとんどの動詞は，語尾に s だけをつける。

　（例）　live → lives

　　　　　　　　　　　　　　　　　　　　　　子音字とは…
　　　　　　　　　　　　　　　　　　　　　a, i, u, e, o 以外の
　　　　　　　　　　　　　　　　　　　　アルファベットの文字

2．語尾が s, x, sh, ch, (o) で終わる動詞には es をつける。

　（例）　teach → teaches　　　　finish → finishes

3．語尾が子音字＋y で終わる動詞は y を i に変えて es をつける。

　（例）study → studies

Part2　フォーカス・オン・フォーム＆パフォーマンス・テストアイデア　83

Class＿＿＿ No.＿＿＿ Name＿＿＿＿＿＿＿＿＿＿＿＿＿＿＿＿

Step4　友達紹介をしよう！

〈Model Dialog〉

A : Hello, how are you?

B : I'm （good / happy / tired / sleepy）. And you?

A : I'm （good / happy / tired / sleepy）.

　　Let's talk about our friends! Do you have a card?

B : Yes, I do. My friend is a （boy / girl）.

　　（He / She）plays soccer. （He / She）likes English.

A : Well … is （he / she）C?

B : Great!　　　　　　　　　　　B : No, （he / she）is not C.

　　You get （1, 2, 3）points.　　A : One more hint, please.

　　　　　　　　　　　　　　　　B : もう１文ヒントを与える。

A : Thank you. How about you?

＊ Change your role.

A : Nice talking with you.

B : Thanks, you too.

相手の名前	play	like	友達の答え	Points

Total ＿＿＿＿＿＿ points!

Step5　メモを参考にして友達３人を選んでわかったことを書こう！

Ex）Kota plays soccer. He likes chocolate.

(1)＿＿＿＿＿＿＿＿＿＿＿＿＿＿＿＿＿＿＿＿＿＿＿＿＿＿＿＿＿＿＿＿＿＿＿＿.

　＿＿＿＿＿＿＿＿＿＿＿＿＿＿＿＿＿＿＿＿＿＿＿＿＿＿＿＿＿＿＿＿＿＿＿＿.

(2)＿＿＿＿＿＿＿＿＿＿＿＿＿＿＿＿＿＿＿＿＿＿＿＿＿＿＿＿＿＿＿＿＿＿＿＿.

　＿＿＿＿＿＿＿＿＿＿＿＿＿＿＿＿＿＿＿＿＿＿＿＿＿＿＿＿＿＿＿＿＿＿＿＿.

(3)＿＿＿＿＿＿＿＿＿＿＿＿＿＿＿＿＿＿＿＿＿＿＿＿＿＿＿＿＿＿＿＿＿＿＿＿.

　＿＿＿＿＿＿＿＿＿＿＿＿＿＿＿＿＿＿＿＿＿＿＿＿＿＿＿＿＿＿＿＿＿＿＿＿.

【好きなこと・することカード】

Name _____

☆好きなこと，することをそれぞれ2つずつ書こう！

I like _____.

I like _____.

I play _____.

I play _____.

〈語群〉 soccer, baseball, basketball, tennis, badminton, piano, flute, guitar, Japanese, English, math, science, social studies

---

Name _____

☆好きなこと，することをそれぞれ2つずつ書こう！

I like _____.

I like _____.

I play _____.

I play _____.

〈語群〉 soccer, baseball, basketball, tennis, badminton, piano, flute, guitar, Japanese, English, math, science, social studies

---

Name _____

☆好きなこと，することをそれぞれ2つずつ書こう！

I like _____.

I like _____.

I play _____.

I play _____.

〈語群〉 soccer, baseball, basketball, tennis, badminton, piano, flute, guitar, Japanese, English, math, science, social studies

Task15　Who is this?
疑問詞 who　マッチング・ゲーム

目　標	タスクを通して，who を使えるようになる。
時　間	30分
準備物	ワークシート，input 用写真，人物名・人物特徴カード

1．タスクの進め方

○Pre-task

1．Step1として，教師は写真の一部を見せて，who を使ったクイズのヒントを与え，導入する。

> （例）T：The first question.
>
> 　　　This is a famous man. He plays tennis very well. Who is he?
>
> 　　　The second one. This is a cute woman. She is an actress. Who is she?
>
> 　　　The last one. He is an entertainer. He talks a lot. Who is this?

2．Step2として，Step1の例文をもう一度聞かせて，聞こえた方に○をつけさせる。写真の人物がだれなのか書かせる。

3．Step3として，黒板に例文を書き，who の意味に気づかせる。

○Task

1．Step4として，人物名カードと人物特徴カードの束を配付し，ルール説明を行う。

2．ペアまたはグループを作り，タスクを開始する。

3．タスク終了後，結果を聞く。

4．時間があれば，ペアまたはグループを変えタスクを再度行う。

2．ワンポイント・アドバイス

・タスクはクラスの人数に応じて，ペアで行ったり，3，4人で行ったりする。

・人物名カードは黄色，人物特徴カードは赤色のように，異なる色カードを用いるとよい。

（Yoshi ゼミ）

86

Class____ No.____ Name_____

Work Sheet

Who is this?
マッチング・ゲーム

Step1 クイズに答えよう！

Who is this?

(1)	
(2)	
(3)	

Step2 聞こえた方に○をつけよう！ 写真の人物を答えよう！

(1) This is a famous man. He plays tennis very well.

(What / Who) is he? → He is _____.

(2) This is a cute woman. She is an actress.

(What / Who) is she? → She is _____.

(3) He is an entertainer. He talks a lot.

(What / Who) is this man? → He is _____.

Step3 Grammar Point

◎ Who is this man? → He is Ogi Naoki.

( ) ( )

★「 」を尋ねる時に who を使う！

Step4 マッチング・ゲーム

〈Rule〉できるだけ多くのカードをゲットしよう！ English only!

〈Model Dialog〉

A：Hello. How's it going?

B：I'm (very happy / OK / not so good). How about you?

A：(人物特徴カードを引いて読む。)

B：OK. Who is this man (woman) ?

A：He (She) is _____. (人物名カードを引く。)

B：That's right! / Hang in there! (がんばってね！)

＊ Change your role.

Part2 フォーカス・オン・フォーム＆パフォーマンス・テストアイデア **87**

【人物名・人物特徴カード】

This man plays tennis.	This woman is a cute actress.	This man is the top of Japan.	This man is a wonderful baseball player.
He is Nishikori Kei.	She is Arimura Kasumi.	He is Abe Shinzo.	He is Otani Shohei.
This man talks a lot.	This woman sings songs very well.	This woman dances well.	This woman is a famous model.
He is Akashiya Sanma.	She is Yoshioka Kiyoe.	She is Watanabe Naomi.	She is Fujita Nikoru.
This woman travels in the world.	She is Imoto.	This man sings and acts.	He is Yamada Ryosuke.

Task16 What is your favorite movie?(Review)

三単現・who・what の復習　お気に入りの映画を紹介しよう！

目　標	疑問文に正確に答え，三人称単数現在形を用いて，お気に入りの映画を紹介できるようになる。
時　間	45分
準備物	ワークシート，Memo，Fun Essay シート，評価表１・２，タイマー

1. タスクの進め方

○Pre-task

1. 教師は生徒に２人１組の Speaking test を行うことおよび Fun Essay の連絡をする。Speaking test については，当日までだれと当たるかはわからないことを伝える。また，Speaking test と Fun Essay の評価基準を伝える。

2. Step1として，教師は自分のお気に入りの映画について紹介する。

> （例）　My favorite movie is "I Love Snoopy."
>
> It is an animation movie.
>
> My favorite character is Snoopy.
>
> In the movie, he flies in the sky, and he dances with Charlie Brown.

3. Step2として，映画についての Mind map を書かせる。

○Task

1. Step3として，Step2の Mind map を基に，お気に入りの映画を選ばせ，ワークシートの質問に答えさせる。

2. Step4として，Model Dialog を用いて，ペアで Speaking test の練習を行う。会話の後に，相手の話したことをメモする。ペアを変えて，また練習をする。徐々にワークシートを見ないで話すように促す。

2. ワンポイント・アドバイス

・Speaking test を待っている間は，お気に入りの映画についての Fun Essay を書かせる。

（Yoshi ゼミ）

Class_____ No._____ Name_____

**Work
Sheet**

What is your favorite movie?
お気に入りの映画を紹介しよう！

Step1　先生の話を聞いて，表にまとめよう！

好きな映画	
映画の種類	
好きなキャラクター	
映画の中で そのキャラクターが すること	

Step2　Mind map をかこう！

Movie

Class____ No.____ Name_____

Step3 質問に答えよう！

Q1. What is your favorite movie?

_____

Q2. What kind of movie is it? ※ kind of 〜：〜の種類

_____

Q3. Who is your favorite character?

_____

Q4. What does he / she do in the movie?（Write two things!）

_____

_____

〈Word List：kinds of movie〉
アクション映画：an action movie
ファンタジー映画：a fantasy movie
恋愛映画：a love story
ホラー映画：a horror movie
人間ドラマ：a human drama
ミステリー映画：a mystery
アニメ映画：an animation movie
歴史映画：a history movie

Part2　フォーカス・オン・フォーム&パフォーマンス・テストアイデア　91

Class＿＿ No.＿＿ Name＿＿＿＿＿＿＿＿＿

Step4 Let's practice!

A & B : Hello. How are you?

　　　　I'm (great, good, so-so, not good ...). How about you?

　A : Let's talk about movies. What is your favorite movie?

　B : My favorite movie is "I Love Snoopy."

　A : Oh, "I Love Snoopy!" What kind of movie is it?

　B : It is an animation movie.

　A : I see. Who is your favorite character?

　B : My favorite character is Snoopy.

　A : That's nice! What does he do in the movie?

　B : He flies in the sky. He dances with Charlie Brown.

　A : Sounds wonderful!

　B : How about you?

＊Change your role.

　A : Nice talking with you!

　B : Nice talking with you, too.

Class_____ No._____ Name_____

【Memo】

Friend's name（ ）	Friend's name（ ）
Movie	Movie
Kind	Kind
Character	Character
What	What
Friend's name（ ）	Friend's name（ ）
Movie	Movie
Kind	Kind
Character	Character
What	What
Friend's name（ ）	Friend's name（ ）
Movie	Movie
Kind	Kind
Character	Character
What	What

Part2　フォーカス・オン・フォーム＆パフォーマンス・テストアイデア　93

Class____ No.____ Name_____

Fun Essay: My Favorite Movie

Class＿＿ No.＿＿ Name＿＿＿＿＿＿＿＿＿＿＿＿＿

【評価表1：Speaking test】

(1) 流暢さ

評価基準	得点
・1分30秒間，スムーズに会話が続けられた。 ・あいさつ，Communication Strategies の使用，あいづちがしっかりできた。	7
・1分30秒間，途切れ途切れだが会話が続けられた。 ・あいさつはできたが，Communication Strategies の使用やあいづちは，あまりできなかった。	5
・1分30秒間，会話が続かなかった。 ・あいさつはできたが，Communication Strategies の使用やあいづちは，全くできなかった。	3
・会話が続けられず，日本語を使ってしまった。 ・あいさつ，Communication Strategies の使用，あいづちが全くできなかった。	1

(2) 正確さ

評価基準	得点
文法を正しく使うことができた。	5
文法は一部間違っていたが，意味は通っていた。	3
文法がほとんど正しく使えていなかった。	1

(3) 声の大きさ，アイコンタクト

評価基準	得点
声の大きさは十分聞き取りやすく，アイコンタクトもできていた。	3
声の大きさ，アイコンタクトのどちらかだけができていた。	2
声が小さく，アイコンタクトもできていなかった。	1

／15

Part2 フォーカス・オン・フォーム＆パフォーマンス・テストアイデア　95

Class＿＿＿ No.＿＿＿ Name＿＿＿＿＿＿＿＿＿＿＿＿＿＿

【評価表２：Fun Essay】

(1) 内容

評価基準	得点
・イラストには色が塗ってある。 ・文字は丁寧に書いてあり，ペンできちんと書いてある。	7
・イラストまたは文字のどちらかが丁寧に仕上げてある。	3
・イラストに色は塗っていない。 ・文字も丁寧さに欠けていて読みにくく，ペンで書いていない。	1

(2) 文章の長さ

評価基準	得点
８文以上の文が書けている。	3
６，７文で文が書けている。	2
書けている文が５文以下。	1

(3) 文法・つづり（正確さ）

評価基準	得点
間違いがなく正確である。または，間違いが１つだけ。	5
間違いが２，３つある。	3
間違いが４つ以上ある。	1

／15

Task17　Questions about you!（Review）

いろいろな疑問詞　自分に関する質問に答えよう！

目　標	自分自身のことについて簡単な質問に答えることができるようになる。
時　間	45分
準備物	ワークシート，Fun Essay シート，評価表

1．タスクの進め方

○Pre-task

1．Step1として，教師の Model Dialog を聞かせ，内容に関する質問に答えさせる。ペアで答えを確認させた後，全体で確認する。

2．Step2として，疑問詞の意味を確認させて，復習する。

〈Model Dialog〉

A：Hi, ○○．

B：Hi, ○○．

A：I live in Nagoya, and I come to school by train. Do you live near our school?

B：No, I don't.

A：Where do you live?

B：I live in Gifu.

A：Oh, you live in Gifu. How do you come to school?

B：I come to school by car. It takes about one hour.

A：One hour. I see. How many brothers and sisters do you have?

B：I have no brothers and sisters. How about you, ○○ ?

A：I have one brother and two sisters.

B：Oh, that's nice. I am an only child.

A：That sounds nice, too. What time do you get home after work?

B：I usually get home at about eight.

A：Me, too. When do you take a bath? Before or after dinner?

B：I take a bath before dinner.

A：Oh, really? I take a bath after dinner. I usually watch TV before dinner.
　　What do you do after dinner?

B：I talk with my family and relax.

A：I see. Nice talking with you.

B：Nice talking with you, too.

Part2　フォーカス・オン・フォーム&パフォーマンス・テストアイデア　97

3．Step3として，質問（Where do you live? How do you come to school? What do you do after school? How many brothers and sisters do you have? What subject do you like? When do you study?）に答える形で，自分自身のことについて英語で書かせる。

4．ペアで，1分30秒間会話をする Speaking test の告知をする。評価基準を示し，どのようなことができればよいかを生徒に伝える。

○**Task**

1．Speaking test の Model Dialog を教師とボランティアの生徒でやってみせる。

2．Step4として，Speaking test の練習を兼ねて，数回ペアを変えて会話をさせる。ワークシートを見ずに会話できるようにするため，1回目はワークシートを見て，2回目はワークシートをなるべく見ずに，3回目以降はワークシートを見ずに会話するように指示を出す。聞いた内容についてはワークシートにメモさせる。

2．ワンポイント・アドバイス

・教師の Model Dialog は，ALT との会話をあらかじめ録画（または録音）しておくとよい。

・Speaking test を待っている間は，自分自身についての Fun Essay（p.70）を書かせるとよい。

（福元有希美）

Class____ No.____ Name_____

Work Sheet

Questions about you!
自分に関する質問に答えよう！

Step1　先生たちの会話を聞いて，表にまとめよう！

	（　　　　　　　　）先生	（　　　　　　　　）先生
どこに住んでいる？		
どうやって学校に来る？		
兄弟姉妹はいる？　何人？		
何時ごろに家に帰る？		
いつお風呂に入る？ (take a bath)		
夕食後に何をする？		

Step2　復習：英語と日本語を線でつなごう！

(1)　when　　　　　　・　　　　　　・　ア　だれ

(2)　where　　　　　・　　　　　　・　イ　だれの，だれのもの

(3)　who　　　　　　・　　　　　　・　ウ　いつ

(4)　whose　　　　　・　　　　　　・　エ　どこ

(5)　what　　　　　　・　　　　　　・　オ　何時

(6)　what time　　　・　　　　　　・　カ　何の教科，どの教科

(7)　what subject　・　　　　　　・　キ　どうやって，どう

(8)　how　　　　　　・　　　　　　・　ク　何

(9)　how many 〜　・　　　　　　・　ケ　どれくらい古い，何歳

(10)　how old　　　　・　　　　　　・　コ　どちら，どちらの

(11)　which　　　　　・　　　　　　・　サ　どれくらいたくさんの〜，いくつの〜

Part2　フォーカス・オン・フォーム＆パフォーマンス・テストアイデア　99

Class____ No.____ Name_____

Step3　あなた自身について，質問に答えよう！

(1)　Where do you live?

I_____

(2)　How do you come to school?

　　（徒歩：I walk to school.　自転車で来る：By bike.　電車で来る：By train.）

_____

(3)　What do you do after school?〔部活ですることを言おう〕

I_____

(4)　How many brothers and sisters do you have?

I have_____

(5)　What subject do you like?

I_____

(6)　When do you study?

　　（たいてい：usually　いつも：always　日曜日に：on Sundays　晩ごはんの前に：before

　　dinner　晩ごはんの後に：after dinner）

I_____

Step4　Communication Strategies を使いながら，英語だけで会話をしよう！

名前	わかったこと
さん	
さん	
さん	

⟨Communication Strategies⟩

間をつなぐ（えーと。あの〜。）Well …　Um …　Uh …　Hmm …　Let's see.

相手の言ったことを確かめる（シャドーイング）（例）<u>When</u> do you study? → <u>When</u>?

相手の言ったことにうなずく（ええ。うんうん。そのとおり。）Yes.　Uh-huh.　That's right.

驚きを伝える（え，本当に？　わぁ，すごいね！）Oh, really?　Wow!

興味を示す（私も。面白いね。いいね。）Me, too!　That's interesting!　That's great!

Class＿＿＿ No.＿＿＿ Name＿＿＿＿＿＿＿＿＿＿＿＿＿＿

【評価表】

	項目	評価基準	得点		
関心意欲態度	〈積極性〉笑顔・アイコンタクト [2点]	1．アイコンタクトをしながら自然な笑顔で英語を話すことができたか	A（2）両方ともできた	B（1）どちらかはできた	C（0）ひとつもできなかった／ワークシートを見た
	〈話し方〉声の大きさ [2点]	2．はっきりと聞こえる大きな声で話すことができたか	A（2）はっきり聞こえた	B（1）一応聞こえた	C（0）聞こえづらかった
表現	〈話し方〉発音 [2点]	3．英語らしい発音で話すことができたか	A（2）英語らしい発音でできた	B（1）カタカナ英語になる時があった	C（0）カタカナ英語が多かった
	〈CSの活用〉あいづち・シャドーイング [3点]	4．あいづちやシャドーイングを使って自然な会話にすることができたか	A（3）何度もあいづちやシャドーイングを使った	B（2）一度はあいづちやシャドーイングを使った	C（1）使えなかった／ワークシートを見た
	〈流暢さ〉 [3点]	5．ワークシートを見ずに，1分30秒間，スムーズに会話を続けることができたか	A（3）沈黙はほとんどなかった	B（2）時々沈黙があった	C（1）沈黙が多かった／ワークシートを見た
	〈言語材料の活用〉 [4点]	6．疑問文の意味を理解し，正確に答えることができたか	A（4）疑問詞の意味をすべて理解し，ほぼすべて正確に答えることができた	B（3）疑問詞の意味はすべて理解できていたが，正確に答えられない時があった	C（1）あまり正確に答えられなかった／ワークシートを見た
	〈言語材料の活用〉 [4点]	7．be動詞や一般動詞を正しく使い，正しい語順（単語の並べ方）で話すことができたか	A（4）だいたい正確な文法で話せた	B（3）時々間違えることはあったが，意味は十分に伝わった	C（1）間違いが多く，意味が伝わらないことも多かった／ワークシートを見た
		総合判定	A⁺/A/A⁻ すばらしかった	B⁺/B/B⁻ よくできた	C⁺/C/C⁻ 次はがんばろう

話し方・態度：　　　6点
CSの活用・流暢さ：　6点
言語材料の正確な活用：8点
　　　　　　計20点

／20

Part2　フォーカス・オン・フォーム＆パフォーマンス・テストアイデア　101

Task18　Answer the quiz!
can, cannot　クイズに答えよう！

目　標	新出単語である can と cannot の意味を理解し，タスクを通して使えるようになる。
時　間	20分
準備物	ワークシート，写真，タイマー

1．タスクの進め方
○Pre-task

1．Step1として，教師は3つの質問を can と cannot の表現を使って伝える。生徒に質問の答えを考えさせる。

> T1：This is a bird. This bird can swim fast, but cannot fly. What is this?
> T2：It's a penguin.
> T1：This is a sport. You can kick a ball. But, you cannot use hands. What is this?
> T2：It's soccer.
> T1：This is a subject. You can draw pictures. But, you cannot sing in the classroom. What is this?
> T2：It's art.

2．Step2として，Step1の会話をもう一度聞かせて，聞こえた方に○をつけさせる。

3．Step3として，黒板に例文を板書して，can と cannot の形式と意味に気づかせる。

○Task

1．Step4として，クイズカードに can と cannot を使った文を2つずつ記入させる。記入後，クイズカードを切り離すよう指示をする。

2．教師がクイズカードを回収して，生徒一人一人に自分が書いたもの以外を渡す。

3．Model Dialog を導入する。最初に1つ目のヒント（2文）だけを伝える。不正解の場合，2つ目のヒント（2文）を与えるようにする。1回目で正解なら2ポイント，2回目で正解なら1ポイントがもらえる。

4．それぞれの会話が終わったら，表にメモをとらせる。時間内にできるだけ多くの友達と会話をさせる。

2．ワンポイント・アドバイス

・最初は教師がペアを決めて行い，その後は生徒にペアを見つけさせるとよい。

（Yoshi ゼミ）

Class_____ No._____ Name_____

Work Sheet

Answer the quiz!
クイズに答えよう！

Step1　3つの質問に答えよう！

(1) _____

(2) _____

(3) _____

Step2　もう一度，会話を聞いて，聞こえた方に○をつけよう。

(1)　This is a bird. The bird (can / cannot) swim fast.

　　But, the bird (can / cannot) fly. What is this?

(2)　This is a sport. You (can / cannot) kick a ball.

　　But, you (cannot / can) use hands. What is this?

(3)　This is a subject. You (can / can't) draw pictures.

　　But, you (can't / can) sing in the classroom. What is this?

Step3　Grammar Point

◎ You can kick a ball. (意味：　　　　　　　　　　　　　　　)

◎ You cannot use hands. (意味：　　　　　　　　　　　　　　)

★ can は（　　　　　　）という意味であり，cannot は（　　　　　　）という意味である。

★ can の後ろに続く動詞は（　　　　　）にする。

★また，cannot は can't と省略できる。

Step4　クイズカードを作ろう！

Name _____

☆ can と cannot を使って，それぞれ2つずつ書こう！

I can _____

I can _____

I cannot _____

I cannot _____

Part2　フォーカス・オン・フォーム&パフォーマンス・テストアイデア　103

Class____ No.____ Name_____

〈Model Dialog〉

A：Hello, how are you?

B：I'm（good / not bad / sleepy）. How about you?

A：I'm（good / not bad / sleepy）. So, I have a quiz card. Listen carefully.

B：Ok.

A：This is a（boy / girl）.（He / She）can _____. But,（he / she）cannot _____.
　　Who is（he / she）?

B：（He / She）is _____.

【Yes の場合】

A：Great!

B：Thank you!

【No の場合…2つ目のヒントを与える】

A：（He / She）can _____.
　　But,（he / she）cannot _____.
　　Who is（he / she）?

【2回目不正解の時，答えを伝える】

A：（He / She）is _____.

B：I see.

＊ Change your role.

One hint：2 points　Two hints：1 point　Cannot answer：no point

相手の名前	can	can't	友達の答え	Points

Total _____ points!

Task19　Can you do it well?
Can 〜?　何が上手にできる?

目　標	タスクを通して，Can 〜? とそれに対する受け答えができるようになる。
時　間	20分
準備物	ワークシート，人物写真4枚

1. タスクの進め方

○Pre-task

1. Step1として，教師は写真を見せながら写真の人物は何が得意かを Can he / she 〜? を使って導入する。そして，生徒に "Yes." か "No." で答えさせ，教師が正しい文で言い換える。

> （例）T：Who is he?
>
> 　　　S：He is Nishikori Kei.
>
> 　　　T：That's right!
>
> 　　　　　He is Nishikori Kei.
>
> 　　　　　Can he play tennis very well?
>
> 　　　S：Yes.
>
> 　　　T：Good! Yes, he can.
>
> 　　　　　He can play tennis well.

2. Step2として，Step1で話した内容をもう一度聞かせて，聞き取れた単語に○をつけさせる。

3. Step3として，黒板に板書して Can 〜? の形式と意味に気づかせる。

○Task

1. Step4として，質問を読み上げ，クラスの中で何人が "Yes." と答えるか予想させる。

2. 質問の発音を確認する。

3. ペアで質問し合い，終わったら相手の答えをメモさせる。3回ほどペアを変えて行う。

4. 3回終わったら，ペアの答えを参考にもう一度，予想を立てさせる。

5. 全体で答え合わせをする。

2. ワンポイント・アドバイス

・Step1で使用する人物写真については，適宜選ぶ。

（Yoshi ゼミ）

Part2　フォーカス・オン・フォーム&パフォーマンス・テストアイデア　105

Class＿＿ No.＿＿ Name＿＿＿＿＿＿＿＿＿＿＿＿＿＿＿＿

Work Sheet

Can you do it well?
何が上手にできる？

Step1 　先生の質問に答えよう！

だれ？	Yes or No?
	Yes / No
	Yes / No
	Yes / No
	Yes / No

Step2 　聞き取れた単語に○をつけよう！

(1) He is Nishikori Kei. (Can / Does) he play tennis very well?

　　Yes, he (can / can't). He can play tennis very well.

(2) He is Cambridge Asuka. (Can / Does) he run very fast?

　　Yes, he (can / cannot). He can run very fast.

(3) She is Asada Mao. (Can / Is / Does) she play the piano very well?

　　No, she (can / cannot). She can skate very well.

(4) She is Fukuhara Ai. (Do / Can / Is / Does) she play basketball very well?

　　No, she (can / isn't / cannot). She can play table tennis very well.

Step3 　Grammar Point

◎ Can you play tennis very well? 　(意味：　　　　　　　　　　　　　　　　　　　　　　　　　　) ★答え方 　はい，できます。→　Yes, I (　　　　　). 　いいえ，できません。→　No, I (　　　　　　) or (　　　　　).

Step4 　How many friends can do well?

〈Rule〉 　①　質問を読んで，何人が "Yes." と答えるか予想してみよう！ 　②　ペアで質問し合い，相手の答えをメモしよう！ 　③　ペアの答えを見て，もう一度予想してみよう！

106

Class＿＿ No.＿＿ Name＿＿＿＿＿＿＿＿＿＿＿＿

〈質問 List〉

質問	予想(1) （人）	答え① （　　）さん	答え② （　　）さん	答え③ （　　）さん	最終予想 （人）
Can you play soccer well?					
Can you play the piano well?					
Can you skate well?					
Can you dance koi-dance well?					
Can you play baseball well?					
Can you eat rice ball fast?					
Can you swim fast?					
Can you sing PPAP well?					
Can you play the guitar well?					
Can you play basketball well?					

的中した数＿＿＿＿＿＿

〈Model Dialog〉（じゃんけんをして勝った方がＡ）

A：Hello, how are you?

B：I'm（good / excellent / great）. How about you?

A：I'm（good / excellent / great）. Can you play soccer well?

B：（Yes, I can / No, I cannot / No, I can't）. Can you play the piano well?

A：（Yes, I can / No, I cannot / No, I can't）. Can you … ?

（10個全部聞く。）

A：Nice talking with you.

B：Nice talking with you, too.

Part2　フォーカス・オン・フォーム＆パフォーマンス・テストアイデア　107

Task20 What is your favorite country?（Review）
can・what の復習　お気に入りの国を紹介しよう！

目　標	自分のお気に入りの国について，有名なものや，できることを紹介できるようになる。
時　間	45分
準備物	ワークシート，Memo，Fun Essay シート，評価表1・2，タイマー

1．タスクの進め方

○Pre-task

1．教師は生徒に2人1組の Speaking test を行うことおよび Fun Essay の連絡をする。

　Speaking test については，当日までだれと当たるかはわからないことを伝える。

　また，Speaking test と Fun Essay の評価基準を伝える。

2．Step1として，教師は自分のお気に入りの国について紹介する。生徒は聞き取った内容を表にまとめる。

> （例）My favorite country is America.
>
> 　　　America is famous for Hollywood.
>
> 　　　We can see the Statue of Liberty.
>
> 　　　We can eat lobsters.
>
> 　　　We can go to Disney World.

3．Step2として，国についての Mind map を書かせる。

○Task

1．Step3として，Step2の Mind map を基に，自分のお気に入りの国を選ばせ，ワークシートの質問に答えさせる。

2．Step4として，Model Dialog を用いて，ペアを変えて Speaking test の練習を何度も行う。徐々にワークシートを見ないで話すように促す。

2．ワンポイント・アドバイス

・何回か練習をした後，ワークシートを見ずに会話ができるように指示をする。

・Speaking test を待っている間は，自分のお気に入りの国についての Fun Essay を書かせる。

（Yoshi ゼミ）

108

Class____ No.____ Name_____

Work Sheet

What is your favorite country?
お気に入りの国を紹介しよう！

Step1　先生の話を聞いて，表にまとめよう！

Favorite country	
Famous for	
We can	

Step2　Mind map を作ろう！

Part2　フォーカス・オン・フォーム＆パフォーマンス・テストアイデア　109

Class___ No.___ Name_____

Step3 質問に答えよう！

Q1. What is your favorite country?

_____

Q2. What is your country famous for?

_____

Q3. What can we do in your favorite country? Write three things!

_____

_____

_____

Step4 Practice! Practice! Practice!

⟨Model Dialog⟩

A & B : Hello. How are you? I'm (fine / good / so-so / great / not bad etc …) How about you?

　　A : Ok. Let's talk about our favorite countries!

　　B : Sure.

　　A : What is your favorite country?

　　B : My favorite country is <u>America</u>.

　　A : <u>Oh, America!</u> What is <u>America</u> famous for?

　　B : <u>America is famous for Hollywood.</u>

　　A : I see. What can we do in <u>America</u>? Please tell me three things.

　　B : <u>We can see the Statue of Liberty, we can eat lobsters, and we can go to Disney World.</u>

　　A : <u>(Sounds interesting! / Great! / Nice! / Good! etc …)</u> Thank you very much!

　　B : You're welcome. How about you? What is your favorite country?

＊ Change your role.

A & B : Nice talking with you!

110

Class_____ No._____ Name_____

【Memo】

Friend's name（ ）	Friend's name（ ）
Country_____	Country_____
Famous for_____	Famous for_____
We can_____	We can_____

Friend's name（ ）	Friend's name（ ）
Country_____	Country_____
Famous for_____	Famous for_____
We can_____	We can_____

Friend's name（ ）	Friend's name（ ）
Country_____	Country_____
Famous for_____	Famous for_____
We can_____	We can_____

Part2　フォーカス・オン・フォーム＆パフォーマンス・テストアイデア　111

Class____ No.____ Name_____

Fun Essay: My Favorite Country

Class____ No.____ Name_____

【評価表1：Speaking test】

(1) 流暢さ

評価基準	得点
・1分30秒間，スムーズに会話を続けられた。 ・あいさつ，Communication Strategies の使用，あいづちがしっかりできた。	7
・1分30秒間，途切れ途切れだが会話を続けられた。 ・あいさつ，Communication Strategies の使用，あいづちが少しできた。	5
・1分30秒間，会話を続けられなかった。 ・あいさつ，Communication Strategies の使用，あいづちがほとんどできなかった。	3
・会話が続けられず，日本語を使ってしまった。 ・あいさつ，Communication Strategies の使用，あいづちが全くできなかった。	1

(2) 正確さ

評価基準	得点
文法を正しく使うことができた。	5
文法が一部間違っていたが，意味は通っていた。	3
文法があまり正しく使えていなかった。	1

(3) 態度

評価基準	得点
・相手に十分聞こえるはっきりとした声で話せた。 ・アイコンタクトを積極的にして関心を示していた。	3
話し方，アイコンタクトのどちらかはよかったが，どちらかが不十分だった。	2
話し方，アイコンタクトの両方が不十分だった。	1

／15

Part2　フォーカス・オン・フォーム&パフォーマンス・テストアイデア　113

Class____ No.____ Name_____

【評価表２：Fun Essay】

(1) 内容・正確さ

評価基準	得点
お気に入りの国について，適切な文法，表現を使えており，文法の誤りがほとんどない。	7
お気に入りの国について，適切な文法，表現を使えているが，文法の誤りが少しある。	5
お気に入りの国について，適切な文法，表現を使えているが，文法の誤りが多い。	3
お気に入りの国について，適切な文法，表現を使えておらず，文法の誤りが多く，内容をあまり理解できない。	1

(2) 文の長さ

評価基準	得点
10文以上書けている。	5
6文以上書けている。	3
5文以下しか書けていない。	1

(3) 関心・意欲・態度

評価基準	得点
・色を使ってイラストをかいている。 ・ペンで文字を書き，丁寧に仕上げている。	3
イラストと文字のどちらかは丁寧に仕上げている。	2
イラストは色が塗っていないかかいておらず，文字も読みづらく，丁寧に仕上げていない。	1

／15

Task21　A little girl helped her mother.
一般動詞の過去形①　まちがいさがし

目　標	タスクを通して，一般動詞の過去形（規則動詞）が使えるようになる。
時　間	30分
準備物	ワークシート1・A・B，Picture A・B

1．タスクの進め方

○Pre-task

1．Step1として，教師は毎日やっていることに加えて，昨日やったことを一般動詞の過去形の表現を使って話す。生徒は聞き取り，メモをする。

> （例）　T：What's the date today?　　S：It's November 2.
> 　　　　T：OK. My father cooks lunch every day. But, yesterday, on November 1, he cooked dinner. I study English every day. But, I studied Japanese yesterday. I am in the drama club. Every day, I practice playing a drama after school. But, I practiced dancing yesterday.

2．Step2として，Step1で話した内容をもう一度聞かせて，聞き取れた単語に○をつけさせる。

3．Step3として，黒板に例文を板書して，一般動詞の過去形の形式と意味を生徒に気づかせる。

○Task

1．Step4として，ペアを作り片方の生徒にワークシートAとPicture A，もう片方の生徒にワークシートBとPicture Bを配付する。相手に自分のワークシートは見せてはいけないことを伝える。

2．タスクの説明をする。Model Dialogを基にペアでイラストの間違いを5つ見つけさせる。間違いを見つけたらメモをとらせる。

3．教師は生徒全員が活動を終了したことを確認して，全体で答え合わせをする。

4．Step5として，メモした内容（相手の絵にかかれていること）を文章にさせる。

2．ワンポイント・アドバイス

・早く間違いを5つ見つけたペアはStep5の活動を先にやらせてもよい。

・Step5の活動が早く終わった生徒に，週末にやったことを文章にさせてもよい。

・他の文法項目（過去進行形など）でも活用することができる。

（Yoshiゼミ）

Class_____ No._____ Name_____

Work Sheet1

A little girl helped her mother.
まちがいさがし

Step1　先生の話を聞いて，聞き取れたことを書こう！

だれ	毎日	昨日

Step2　もう一度，先生の話を聞いて，聞き取れた単語に○をつけよう！

(1)　My father (cook / cooks) lunch every day.

　　But, yesterday, on November 1, he (cooked / cooks) dinner.

(2)　I (studies / study) English every day.

　　But, I (study / studied) Japanese yesterday.

(3)　I am in the drama club.

　　Every day, I (practices / practice / practiced) playing a drama after school.

　　But, I (practices / practice / practiced) dancing yesterday.

　　　　　　　　　※ playing a drama：演劇　dancing：踊ること，ダンスをすること

Step3　Grammar Point

◎ My father cooks lunch every day.

　（意味：　　　　　　　　　　　　　　　　　　　　　）

◎ My father cooked dinner yesterday.

　（意味：　　　　　　　　　　　　　　　　　　　　　）

★過去のことを表す時は動詞の後ろに_____をつける！

ほとんどの動詞	後ろに＿をつける。	Ex) cook<u>ed</u>, watch<u>ed</u>
最後が e で終わる動詞	後ろに＿をつける。	Ex) practic<u>ed</u>, us<u>ed</u>
最後が子音字＋y で終わる動詞	y を i に変えて＿＿をつける。	Ex) stud<u>ied</u>, tr<u>ied</u>(try)

116

Class_____ No._____ Name_____

Work Sheet A
A little girl helped her mother.
まちがいさがし

Step4 Model Dialog を用いてパートナーの絵と違うところを 5 つ見つけよう！

（パートナーの絵を見ないこと！）

〈Model Dialog〉

A：Tell me about your picture.

B：Sure. Last Sunday, a little girl helped her mother.

A：Oh, she helped her mother.

B：How about last Saturday?

A： A little girl watched TV with Ken.

B：Really? I see.

A：Let's talk about Ken. Ken ….

＊聞き取れたことをメモしよう！

だれが？	何をした？
a little girl	helped her mother／お母さんのお手伝い

Step5 メモした内容（日曜日のこと）を文章にしよう！

Ex）A little girl helped her mother.

_____

_____

_____

_____

_____

_____

Part2 フォーカス・オン・フォーム＆パフォーマンス・テストアイデア 117

Class___ No.___ Name_____

【Picture A】

118

Class____ No.____ Name_____

Work Sheet B

A little girl helped her mother.
まちがいさがし

Step4　Model Dialog を用いてパートナーの絵と違うところを５つ見つけよう！
（パートナーの絵を見ないこと！）

〈Model Dialog〉

A：Tell me about your picture.

B：Sure. Last Sunday, a little girl helped her mother.

A：Oh, she helped her mother.

B：How about last Saturday?

A：A little girl watched TV with Ken.

B：Really? I see.

A：Let's talk about Ken. Ken ….

＊聞き取れたことをメモしよう！

だれが？	何をした？
a little girl	watched TV with Ken／ケンとテレビを観た

Step5　メモした内容（土曜日のこと）を文章にしよう！

Ex）A little girl watched TV with Ken.

_____

_____

_____

_____

_____

Part2　フォーカス・オン・フォーム＆パフォーマンス・テストアイデア　119

Class___ No.___ Name_____

【Picture B】

Task22　My Happiness Journal
一般動詞の過去形②　昨日の出来事

目　標	一般動詞の過去形を使って，昨日の出来事について書いたり対話したりできるようにする。
時　間	30分
準備物	ワークシート

1. タスクの進め方

○**Pre-task**

1．Step1として，教師の話す英語を聞き，昨日の体験がうれしいものだったか，悲しいものだったかを聞き取り，happy☺ か sad☹ を選ぶ。

2．Step2として，同じ内容の英文を読み，答えを確認する。選び直してもよい。

3．Step3として，再び同じ内容を聞くが，Step2は見ないようにする。（　　　）内について，聞こえた方の単語を○で囲む。

○**Task**

1．ペアで答えを確認し，さらに，happy☺ だったか，sad☹ だったかについても確認する。教師と最終の答え合わせをする。

2．Step3を見ながら，いつものことではなく，昨日のことだと，動詞がどういう形になっているか注目し，表を埋める。

3．Step4として，内容を読んで，（　　　）内について，ふさわしい方の単語を○で囲む。最後の文は，I (like) AAA very much. が答えだが，every day や usually などの言葉がなくても，内容から現在形と判断させることを意図した。

4．Step5として，表の文法の枠組みを参考に，昨日の出来事について，うれしかったことや幸せだったことについて書く。

5．Step6として，作文に書いた内容を，ペアで伝え合う。ペアを変えながら3，4回くり返す。より自然な会話にするために，聞き手に "Nice!" "That's awesome!" "Good for you!" などを使わせる。

2. ワンポイント・アドバイス

・自分や自分に関する身の回りのことについて，前向きな表現で話すのは，教室の雰囲気を明るくする。ここではあえて良い内容を伝え合う活動にしたい。

・作文は，1行に1文を書くのではなく，1文が終わったらそこから次の文を書かせ，パラグラフ・ライティングに，慣れさせたい。

（石飛典子）

Part2　フォーカス・オン・フォーム＆パフォーマンス・テストアイデア　121

Class____ No.____ Name_____

Work Sheet

My Happiness Journal
昨日の出来事

Step1 先生の昨日の日記を聞いて，happy☺ か sad☹，どちらの気持ちになったか選ぼう。

(1) ☺ / ☹　　(2) ☺ / ☹　　(3) ☺ / ☹　　(4) ☺ / ☹　　(5) ☺ / ☹

Step2 次の英文は，Step1で読み上げた日記です。読んで Step1の選択が正しかったか確認しよう。

考えが変わったら，○をつけ直してもＯＫ。

(1) I have yogurt for breakfast every morning, but I had a delicious pancake for breakfast yesterday morning.

(2) It is cold every day, but it was a beautiful day yesterday.

(3) I usually help my students, but yesterday my students helped me.

(4) I come home at about seven every evening, but I came home at nine last night.

(5) I cook dinner every day, but yesterday evening my husband cooked dinner for me.

Step3 もう一度，同じ内容を聞こう。聞こえた方の単語を○で囲もう。

いよいよ，先生が happy☺ か sad☹，どちらの気持ちだったかわかるよ。

Don't look at Step2!

(1) I (have / had) yogurt for breakfast every morning, but I (have / had) a delicious pancake yesterday morning.
So I (am / was) [happy / sad].

(2) It (is / was) cold every day, but it (is / was) a beautiful day yesterday.
So I (am / was) [happy / sad].

(3) I usually (help / helped) my students, but yesterday my students (help / helped) me.
So I (am / was) [happy / sad].

(4) I (come / came) home at about seven every evening, but I (come / came) home at nine last night.
So I (am / was) a little [happy / sad].

(5) I (cook / cooked) dinner every day, but yesterday evening my husband (cook / cooked) dinner for me.
So I (am / was) [happy / sad].

122

Class＿＿ No.＿＿ Name＿＿＿＿＿＿＿＿＿＿＿＿＿

★ここで文法に注目！ （　　）で選んだ単語を，＿＿＿＿＿に注目しながら表の中にわけよう。

現在形： every morning, usually, every day	過去形： yesterday morning, yesterday, last night
have	
help	
come	
cook	
is, am	

※末尾が ed になる規則動詞と，形が変わる不規則動詞があります。1つずつ覚えよう。

Step4　Now read Samar's Happiness Journal. Choose and circle the right words.

I (watch / watched) One Piece yesterday. It (is / was) fun. Then I (enjoy / enjoyed) my favorite music in my room. I (like / liked) AAA very much.

Step5　次の表を参考に，昨日のうれしかったこと，楽しかったことを書こう！

主語	動詞［過去形］	目的語	＋アルファ
I	enjoyed	my favorite music	at home
My mother	watched	a movie	at school
Our teacher	ate	a delicious curry	with my friend

Step6　Let's talk and share our happiness!

A：So, tell me about your Happiness Journal.

B：Sure. I ... Then ...

Part2　フォーカス・オン・フォーム＆パフォーマンス・テストアイデア　123

Task23　Did you go shopping yesterday?
一般動詞の過去形③　昨日何をした？

目　標	タスクを通して，一般動詞の過去形の疑問文・否定文を使えるようになる。
時　間	30分
準備物	ワークシート，情報カード（ビンゴ表のイラストを使用）

1．タスクの進め方

○Pre-task

1．Step1として，教師は，ALT に昨日の行動について質問する。生徒に Yes か No を選ばせる。

> （例）　A：Hello. Did you go shopping yesterday?
> 　　　　B：Yes, I did.
> 　　　　A：Hi. Did you listen to music yesterday?
> 　　　　B：No, I didn't. I didn't listen to music.
> 　　　　A：Well. Did you play any computer games yesterday?
> 　　　　B：No, I didn't. I didn't play any games.

2．Step2として，もう一度Step1の会話を聞かせて，聞き取れた方に○をつけさせる。

3．Step3として，黒板に例文を板書して，一般動詞の過去形の形式と意味を生徒に気づかせる。

○Task

1．Step4として，情報カードを１人２枚ずつ配付する。

2．ルールを説明し，Model Dialog の発音を確認する。

3．生徒はビンゴ表の好きな枠の行動をパートナーに質問する。情報カードに書かれている内容を質問されれば "Yes." で答える。その場合，質問者は該当する枠を塗りつぶす。

4．最後に全体でビンゴの数を確認する。

2．ワンポイント・アドバイス

・ALT の代わりに，数名の生徒に質問してもよい。

（Yoshi ゼミ）

124

Class____ No.____ Name_____

Work Sheet

Did you go shopping yesterday?
昨日何をした？

Step1　ALT への質問を聞いて，当てはまるものに○をつけよう！

	何を聞かれた？	Yes / No
質問(1)		Yes / No
質問(2)		Yes / No
質問(3)		Yes / No

Step2　もう一度，質問を聞いて，正しい答えを選ぼう！

(1)　Hello.（ Do / Did ）you go shopping yesterday?

　　→（ Yes, I did. / No, I didn't. ）

(2)　Hi.（ Do / Did ）you listen to music yesterday?

　　→（ Yes, I did. / No, I didn't. ）I（ don't / didn't ）listen to music.

(3)　Well.（ Do / Did ）you play any computer games yesterday?

　　→（ Yes, I did. / No, I didn't. ）I（ don't / didn't ）play any games yesterday.

Step3　Grammar Point

◎ Did you go shopping yesterday?

　（意味：　　　　　　　　　　　　　　　　　　　　　　　　　　）

答え方→ Yes, I did. / No, I didn't.

◎ I didn't listen to music yesterday.

　（意味：　　　　　　　　　　　　　　　　　　　　　　　　　　）

★過去形の疑問文や否定文では do や does ではなく（　　　　　　）を使う！

Step4　BINGO GAME!

Goal：To get a lot of bingos!

〈Rule〉

①　No Japanese!

②　1人に1回だけ質問できる！

③　手持ちの2枚のカードが君の昨日の行動だ！　さあ，ゲームをはじめよう！

Part2　フォーカス・オン・フォーム＆パフォーマンス・テストアイデア　125

Class____ No.____ Name_____

〈Model Dialog〉（じゃんけんをして勝った方がＡ）
A：Hello. How are you?
B：I'm（happy / great / nice）. How about you?
A：I'm（happy / great / nice）. Did you play soccer yesterday?
B：Yes, I did! / No, I didn't. I didn't play soccer yesterday.
＊Change your role.
A：Nice talking with you!
B：You, too.

How many bingos did you get? I got _____ bingo(s)！

126

Task24 My last year's trip!（Review）
過去形の復習　去年の思い出を振り返ろう！

目　標	タスクを通して，過去形の肯定文・疑問文・否定文が使えるようになる。
時　間	20分
準備物	ワークシート，Memo，Fun Essay シート，評価表１・２，タイマー

1．タスクの進め方
○Pre-task
1．教師は生徒に２人１組の Speaking test を行うことおよび Fun Essay の連絡をする。Speaking test については，当日までだれと当たるかはわからないことを伝える。また，Speaking test と Fun Essay の評価基準を伝える。
2．Step1として，生徒に教師の Essay を読ませ，質問に答えさせる。
3．Step2として，昨年行った旅行について Mind map を書かせる。

○Task
1．Step3として，Step2の Mind map を基に，自分のお気に入りの旅行を選ばせ，ワークシートの質問に答えさせる。
2．Step4として，Model Dialog を用いて，ペアを変えて Speaking test の練習を何度も行う。会話が終わったらメモをとらせる。徐々にワークシートを見ないで話すように促す。

2．ワンポイント・アドバイス
・何回か練習をした後，ワークシートを見ずに会話ができるように指示をする。
・Speaking test を待っている間は，自分のお気に入りの旅行についての Fun Essay を書かせる。

（Yoshi ゼミ）

Part2　フォーカス・オン・フォーム＆パフォーマンス・テストアイデア　127

Class____ No.____ Name_____

Work Sheet

My last year's trip!
去年の思い出を振り返ろう！

Step1 Read Mr. Kato's essay. Then answer the questions.

〈Mr. Kato's essay〉
I'm talking about my last year's trip. I went to Australia. I went there with my friends. In Australia, I ate a kangaroo steak and saw many koalas. But, I didn't go to Great Barrier Reef. I really enjoyed the trip. I want to go back to Australia.

Q1. Where did Mr. Kato go last year?

_____

Q2. Who did he go there with?

_____

Q3. What did he eat and see there?

_____

Q4. Did he go to Great Barrier Reef?

_____

Q5. Did he enjoy the trip?

_____

Step2 Think about your last year's trip. （日本語可）

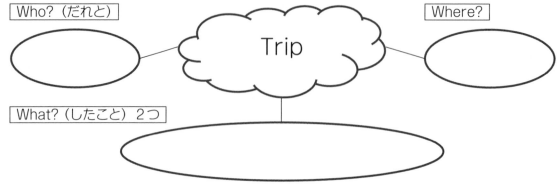

128

Class____ No.____ Name_____

Step3 Choose your favorite trip.

(1) Where did you go?

_____

(2) Who did you go there with?

_____

(3) What did you do there? (Write two things.)

_____

_____

(4) Did you enjoy the trip?

_____

Step4 Talk about your trip with your friends!

〈Model Dialog〉

A & B : Hello, how are you?

I'm (good / happy / sleepy / not bad / bad). And you?

A : Let's talk about our last year's trip.

B : Ok!

A : Where did you go?

B : I went to Australia last year.

A : Oh, you went to Australia. (Sounds fun. / Nice! / Great!)
Who did you go with?

B : I went there with my friends.

A : With friends. I see. What did you do there?

B : I ate a kangaroo steak and saw many koalas.

A : (Sounds fun. / Nice! / Great!) Did you enjoy the trip?

B : (Yes, I did. / No, I didn't.) How about you? Where did you go?

＊ Change your role.

B : Nice talking with you.

A : You, too.

| 言葉が出てこない時 |
| Well …   Um … |
| Uh …   Hmm …   Let's see … |

Part2 フォーカス・オン・フォーム＆パフォーマンス・テストアイデア 129

Class____ No.____ Name_____

【Memo】

Name	Where	Who	What （two things）
Ex) Hoshiya	Australia	Friends	・ate a kangaroo steak ・saw many koalas

Class____ No.____ Name_____

Fun Essay: My Last Year's Trip

Part2　フォーカス・オン・フォーム&パフォーマンス・テストアイデア　131

Class＿＿＿ No.＿＿＿ Name＿＿＿＿＿＿＿＿＿＿＿＿＿＿＿

【評価表１：Speaking test】

(1) 関心・意欲・態度

Criteria（評価基準）	Points
・はっきりと大きな声で話していた。 ・アイコンタクトを積極的に行ったり，あいづちをうったりして関心を表していた。	3
・声の大きさやアイコンタクトのどちらかはよかったが，どちらかが不十分であった。 ・あいづちをうったり，関心を少しだけ表すことができた。	2
・声の大きさ，アイコンタクトが不十分だった。 ・あいづちをうったり，関心を表せなかった。	1

(2) 正確さ

Criteria（評価基準）	Points
文法をほとんど正しく使えていた。	5
文法に少し誤りがあったが，意味を通じさせることができた。	3
文法がほとんど正しく使えていなかった。	1

(3) Communication Strategies（CS）

Criteria（評価基準）	Points
opener（How are you? などのあいさつ），shadowing（くり返し），rejoinders（あいづち），closer（Nice talking with you.）など，ほとんどのCSが適切に使えていた。	5
すべてのＣＳを使えてはいなかったが，会話はスムーズに続いた。	3
ＣＳがほとんど使えておらず，会話に沈黙があった。	1

(4) 内容・流暢さ

Criteria（評価基準）	Points
２分間，スムーズに会話を続けることができ，内容も十分だった。	7
２分間，会話はスムーズであったが，内容が一部不十分だった。	5
２分間，会話に少し沈黙があり，内容が一部不十分だった。	3
２分間，会話が続かなかった。内容も不十分だった。	1

／20

Class＿＿＿ No.＿＿＿ Name＿＿＿＿＿＿＿＿＿＿＿＿＿＿＿＿＿＿

【評価表２：Fun Essay】

(1) 内容

Criteria （評価基準）	Points
・自分の去年の旅行について適切な文法，表現を使っており，文法の誤りもほとんどない。 ・モデル文に書かれている英文以外にも，英文を書いている。	7
自分の去年の旅行について適切な文法，表現を使っており，文法の誤りが少しある。	5
自分の去年の旅行について適切な文法，表現がある程度使えているが，文法の誤りが多く見られる。	3
文法や表現に誤りが多く見られ，内容があまり理解できない。	1

(2) 文の長さ

Criteria （評価基準）	Points
７文以上書かれている。	4
６文以上書かれている。	3
５文以上書かれている。	2
書かれている内容が４文以下である。	1

(3) 関心・意欲・態度

Criteria （評価基準）	Points
イラストをかき，色を使って丁寧に仕上げている。	5
イラストはかいてあるが，色は塗っていない。	3
イラストをほとんどかいていない。	1

／16

Part2　フォーカス・オン・フォーム＆パフォーマンス・テストアイデア　133

【編著者紹介】

佐藤　一嘉（さとう　かずよし）

オーストラリア，クイーンズランド大学にて，MA および Ph. D.（応用言語学）を取得。名古屋外国語大学英語教育学科教授。同大学院 TESOL（英語教授法）コース主任。専門分野は，第2言語習得研究，外国語教授法，教師教育。
著書は，『授業をグーンと楽しくする英語教材シリーズ　ワーク＆評価表ですぐに使える！英語授業を変えるパフォーマンス・テスト』（全4巻，編著，明治図書，2014），『授業をグーンと楽しくする英語教材シリーズ　フォーカス・オン・フォームでできる！　新しい英文法指導アイデアワーク』（全4巻，編著，明治図書，2012），"Communities of Supportive Professionals"（共編著，TESOL，2005）など。
論文は，"Communicative language teaching (CLT) : Practical understandings"（共著，Modern Language Journal，1999）など多数。
「アクション・リサーチから学ぶ英語教授法」（ジャパンライム社）の授業ビデオシリーズ監修。

【執筆者紹介】

石飛　典子　愛知県名古屋市立中学校教諭
　　　　　　名古屋外国語大学大学院，TESOLコース（修士）修了
大須賀博美　愛知県公立中学校教諭
　　　　　　名古屋外国語大学大学院，TESOLコース（修士）修了
神崎　淳子　元静岡県公立中学校教諭
　　　　　　名古屋外国語大学大学院，TESOLコース（修士）修了
福元有希美　愛知県公立中学校教諭
　　　　　　アメリカ，ミネソタ大学大学院，TESLコース（修士）修了
Yoshi ゼミ　名古屋外国語大学佐藤一嘉英語教育研究ゼミナールの学生。卒業生の多くは英語教師として活躍している。

〔本文イラスト〕　木村美穂

授業をグーンと楽しくする英語教材シリーズ42
フォーカス・オン・フォームを取り入れた
英文法指導ワーク＆パフォーマンス・テスト　中学1年

| 2019年12月初版第1刷刊 | ⓒ編著者 | 佐　藤　一　嘉 |
| 2021年7月初版第2刷刊 | 発行者 | 藤　原　光　政 |

発行所　明治図書出版株式会社
　　　　http://www.meijitosho.co.jp
　　　　（企画）木山麻衣子（校正）有海有理
　　　　〒114-0023　東京都北区滝野川7-46-1
　　　　振替00160-5-151318　電話03(5907)6702
　　　　ご注文窓口　電話03(5907)6668

＊検印省略　　　　組版所　藤原印刷株式会社

本書の無断コピーは，著作権・出版権にふれます。ご注意ください。
教材部分は，学校の授業過程での使用に限り，複製することができます。

Printed in Japan　　　　　　ISBN978-4-18-238928-3

もれなくクーポンがもらえる！読者アンケートはこちらから
→

好評発売中！

授業をグーンと楽しくする英語教材シリーズ

教えて使うから使いながら身につける英語授業へ

話すこと［やり取り］が加わり4技能5領域となる中学校英語。フォーカス・オン・フォームを取り入れて活用しながら英語の知識・技能を身につける授業で使えるワークシートとパフォーマンス・テストを多数収録。4技能を統合した授業づくりと評価の両方に即役立ちます！

フォーカス・オン・フォームを取り入れた 英文法指導ワーク＆パフォーマンス・テスト

佐藤一嘉 編著

全3冊

- 42 **中学1年** 図書番号 2389／B5判 136頁／本体 2,260円＋税
- 43 **中学2年** 図書番号 2390／B5判 136頁／本体 2,260円＋税
- 44 **中学3年** 図書番号 2391／B5判 136頁／本体 2,260円＋税

学習指導要領を教室の学びに落とし込む！

中学校　新学習指導要領　英語の授業づくり

本多敏幸 著　　図書番号 2868／A5判 144頁／本体 1,760円＋税

資質・能力、主体的・対話的で深い学び、領域統合型の言語活動、英語で授業…など、様々な新しいキーワードが提示された新学習指導要領。それらをどのように授業で具現化すればよいのかを徹底解説。校内研修、研究授業から先行実施まで、あらゆる場面で活用できる1冊！

大改訂された学習指導要領本文の徹底解説と豊富な授業例

平成29年版 中学校新学習指導要領の展開　外国語編

金子朝子・松浦伸和 編著　　図書番号 3350／A5判 208頁／本体 1,800円＋税

改訂に携わった著者等による新学習指導要領の各項目に対応した厚く、深い解説と、新学習指導要領の趣旨に沿った豊富な授業プラン・授業改善例を収録。圧倒的なボリュームで、校内研修から研究授業まで、この1冊で完全サポート。学習指導要領本文を巻末に収録。

明治図書　携帯・スマートフォンからは **明治図書 ONLINE へ**　書籍の検索、注文ができます。▶▶▶

http://www.meijitosho.co.jp　＊併記4桁の図書番号（英数字）でHP、携帯での検索・注文が簡単に行えます。

〒114-0023　東京都北区滝野川7-46-1　ご注文窓口　TEL 03-5907-6668　FAX 050-3156-2790